CORSO ITALIA 1

ARBEITSBUCH

von

Beatrice Rovere-Fenati und Lucia von Albertini

mit Beiträgen von
Margherita von Spreti

Ernst Klett Verlag
Stuttgart · Düsseldorf · Leipzig

CORSO ITALIA 1

ARBEITSBUCH

von

Beatrice Rovere-Fenati, Kursleiterin an der Volkshochschule Eberbach-Neckargemünd

Lucia von Albertini, Kursleiterin an der Volkshochschule München

mit Beiträgen von

Margherita von Spreti, Kursleiterin an der Volkshochschule Bochum

Illustrationen:

Pia Lizzadro, Firenze

Stefano Buti, Firenze

Gedruckt auf Papier aus chlorfrei gebleichtem Zellstoff

1. Auflage 1 9 8 7 6 | 2001 2000 1999

Alle Drucke dieser Auflage können im Unterricht nebeneinander benutzt werden.

Die letzte Zahl bezeichnet das Jahr dieses Druckes.

Redaktion:

Valeria Bragato

Elisabetta Nöldeke

Druck: Grafos S.A., Barcelona. Printed in Spain

ISBN 3-12-525150-8

INHALTSVERZEICHNIS

LEZIONE 1

LEZIONE 2

LEZIONE 3

LEZIONE 4

LEZIONE 5

LEZIONE 6

LEZIONE 7

LEZIONE 8

LEZIONE 9

LEZIONE 10

LEZIONE 11

LEZIONE 12

LEZIONE 13

LEZIONE 14

LEZIONE 15

LEZIONE 16

Quellennachweise

Fotos:

AKG, Berlin: Umschlag; 94, 4 – L. v. Albertini, München: 92 – V. Bragato, Tübingen: 13, 4, 6 – R. Bruzzone, Boston: 123, 5 – DIF, Frankfurt: Umschlag – Diogenes AG, Zürich: Umschlag – The Walt Disney Company 1991: 94, 3 – Farabolafoto, Milano: 90, 2; 91, 2, 6; (Musacchio) Umschlag; (Parker) Umschlag; (Tebaldi) Umschlag – R. Gurrea-Nozaleda Carmona, Madrid: 113, 1 – © Fernando Botero, México, D. F.: 148, 2 – I.C.P., Milano: (M.P.) Umschlag – IFA, München-Taufkirchen: (Aigner) 94, 6 – Interfoto-Pressebild-Agentur, München: 103, 2 – Photo Jürgens, Berlin: Umschlag – A., N. Kefalas, Torino: 50, 1–3; 87, 1 – Klett: Umschlag – Klett/Giannetti: Umschlag; 65; 82; 87, 2, 3; 88, 1–3; 89, 1, 3, 4, 6; 111, 1; 113, 6, 8; 123, 1, 8; 125, 1; 127, 1–3; 136, 4; 155; 156, 2; 170, 4; 171, 4 – W. Knabe, Frankenried: 13, 2, 3 – C. Konietzko, Stuttgart: Umschlag – Deutsche Lufthansa AG, Köln: Umschlag – M.-Th. Maurer, Stuttgart: 13, 5 – Mauritius, Stuttgart/Mittenwald: (Chromosohm) 103, 3; (Heide) 88, 5; (Hubatka) 156, 3; (Nakamura) 123, 3; (Pele) 88, 4; (SDP) 123, 6 – F. Miraglia/G. Pignatelli, Milano: 94, 1, 5 – G. Mungai-Maier, Stuttgart: Umschlag – E. Nöldeke, Backnang: 13, 1; 44, 1–5; 45, 1–10; 71; 73; 89, 2, 5; 91, 3, 4; 101; 111, 2; 113, 2, 3, 4, 5, 7; 123, 2, 4, 7; 125, 2; 133; 136, 2, 3; 142, 1–3; 151, 2; 152, 1–8; 156, 1; 171, 1, 2, 3 – Parkland Verlag, Stuttgart: 148, 1; D. Pellegrini, Milano: 91, 5; L. Pellegrini, Milano: 116; 136, 1 – RAI Rete Uno, Roma: 94, 2 – Radius, Münster: 88, 6 – RCS Editoriale Quotidiani, Milano: Umschlag – Beatrice Rovere-Fenati, Heidelberg: 105 – Silvestris, Kastl/Obb.: (G. Moosrainer) 90, 1; 91, 1; (Dani Jeske) 103, 1 – M. v. Spreti, Bochum: 20 – N. Tamburini-Müller, München: 170, 1 – R. Thie, Berlin: Umschlag; 170, 2, 3 – Touring Club, Milano: 151, 1.

Realien, Textrechte und sonstige Rechte:

Baedeker Verlag, Ostfildern: 41 – © Bompiani Editore, Milano: 128 – Grande Albergo Capotaormina, Taormina (ME): 74, 1 – Ciattini & Ciattini, Firenze: 127 – © Creators Syndication/Naper Communications, Milano: 60; 89; 95 – © Edizioni E. Elle, Torino: 58 – © O. Fallaci, New York: 155 – © Garzanti Editore S.p.A., Milano: 168 – © Giangiacomo Feltrinelli, Milano: 157 – Innovazione, Lugano: 79 – Agenzia Interstampa, Milano: 149 – Klett: 18, 2 – Klett/ELI: 143 – Langenscheidt, Berlin/München: 18, 1 – © Arnoldo Mondadori Editore, Milano: 83; 117 – Podere Vallepinciana, Polveraia (GR): 74, 2 – Rizzoli Periodici S.p.A., Milano: 75; 121 – Hotel Sirius, Perugia: 66 – C. Tedeschi Editore, Firenze: 104 – Viaggi dell'Elefante, Roma: 74, 3.

Hinweise für den Benutzer

Das Arbeitsbuch zu Corso Italia 1 enthält ein vielfältiges Übungsangebot, das sich vorwiegend für die Arbeit während des Unterrichts eignet, zum Teil aber auch für die individuelle Arbeit zu Hause eingesetzt werden kann.
Den Lektionen 4, 8, 12 und 16 sind im Arbeitsbuch keine Übungen zugeordnet. Die entsprechenden Doppelseiten enthalten landeskundliche Informationen und sind als "Intermezzo" für den interessierten Lerner gedacht.
Mit dem Arbeitsbuch soll zum einen der behandelte Lernstoff (Redemittel, Grammatik, Wortschatz) gefestigt und vertieft werden, zum anderen soll die Autonomie des Lerners im Umgang mit der Sprache und den Nachschlagewerken gefördert werden. Dazu dienen gezielte Übungen mit dem Wörterbuch, freie Übungen, Übersetzungen sowie zusätzliche Hör- und Lesetexte, mit denen die Fähigkeit, authentische Texte zu verstehen, erweitert wird. Die Lesetexte können zudem als Basis für Diskussionen während der Kursstunde verwendet werden.
Aus dem Inhaltsverzeichnis ist ersichtlich, nach welcher Übung des Lehrbuches ein bestimmter Übungsblock eingesetzt werden kann.
So, z. B., ÜBUNG 1–5 nach ESERCIZIO 4 bedeutet:
Die Übungen 1–5 können bearbeitet werden, sobald im Lehrbuch Esercizio 4 gelöst wurde.
Die Symbole bedeuten:

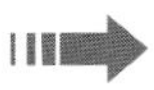 Modell für das Vorgehen bei einer Übung

 Partnerarbeit

 Gruppenarbeit

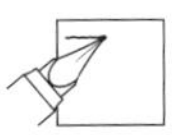 Schriftliche Übung, eignet sich auch für die Arbeit zu Hause

 Höherer Schwierigkeitsgrad, die Übung geht über das reine Festigen des Gelernten hinaus

 Cassetteneinsatz

Die mit * versehenen Wörter und Ausdrücke sind für das Lösen einer Übung unerheblich. Deren Bedeutung kann in der alphabetischen Wortliste im Anhang nachgeschlagen werden. Diese Wortliste umfaßt auch diejenigen Wörter, die schon im Übungsteil angegeben wurden.
Bei auftauchender Unsicherheit in der Grammatik, kann der Grammatikteil im Anhang nachgeschlagen werden. Er enthält einen systematischen Überblick über die im Lehrbuch behandelten Strukturen sowie eine Tabelle mit der Konjugation der wichtigsten unregelmäßigen Verben.
Und jetzt wünschen wir Ihnen viel Spaß und viel Erfolg beim Italienischlernen!

Die Autorinnen

LEZIONE 1

ÜBUNG 1–5 nach ESERCIZIO 4

ÜBUNG 1

a) *Von der Cassette hören Sie vier italienische Wörter. Welche Laute können Sie erkennen:*
*[k] wie in **K**urs oder [tʃ] wie in **Tsch**üs? Kreuzen Sie an.*

	[k]	[tʃ]
1.	______	______
2.	______	______
3.	______	______
4.	______	______

b) *Wie spricht man folgende Wörter aus? Hören Sie die Cassette und lesen Sie mit. Achten Sie dabei auf die Aussprache von "c".*

Coro, Valpolicella, Cinzano, zucchero, radicchio, banca, cappuccino, Lancia, cura, cosa, chiave, ciao.

c) *Aufgrund der Aussprache von "c" können Sie nun diese Wörter in zwei Gruppen aufteilen:*
Wo wird "c" wie [k] ausgesprochen, wo wie [tʃ]?
Hören Sie die Cassette noch einmal, und tragen Sie dann die Wörter in die Tabelle ein.

[k]	[tʃ]
______________	______________
______________	______________

Die Ausspracheregel können Sie nun bestimmt selbst formulieren:

"c" *vor* __________ *wird wie* [k] *ausgesprochen,*

"c" *vor* __________ *wird wie* [tʃ] *ausgesprochen.*

Soll "c" *vor* "e" *oder* "i" *wie* [k] *ausgesprochen werden, wird ein* ________ *dazwischengesetzt.*

ÜBUNG 2

a) *Sie hören nun weitere Wörter. Welche Laute können Sie erkennen:* [g] *wie in* ***G****olf oder* [dʒ] *wie in* ***G****in? Kreuzen Sie an.*

	[g]	[dʒ]
1.	______	______
2.	______	______
3.	______	______
4.	______	______

b) *Wie spricht man folgende Namen aus? Hören Sie die Cassette und lesen Sie mit. Achten Sie dabei auf die Aussprache von "g".*

Giorgio, Margherita, Giuseppe, Guido, Gianna, Gabriele, Amerigo, Angela, Gustavo, Gemma, Ghirelli, Goretti.

c) *Aufgrund der Aussprache von "g" können Sie nun diese Wörter in zwei Gruppen aufteilen. Wo wird "g" wie* [g] *ausgesprochen, wo wie* [dʒ]*?*
Hören Sie die Cassette noch einmal, und tragen Sie dann die Wörter in die Tabelle ein.

[g]	[dʒ]
____________	____________
____________	____________

Die Regel für die Aussprache von "g" lautet also:

"g" *vor* ____________ *wird wie das deutsche* [g] *ausgesprochen,*

"g" *vor* ____________ *wird wie* [dʒ] *ausgesprochen.*

Soll "g" *vor* "i" *oder* "e" *wie das deutsche* [g] *ausgesprochen werden, wird ein* ____________ *dazwischengesetzt.*

ÜBUNG 3

Vervollständigen Sie folgende Wörter mit den angegebenen Silben.

Si __ci__ lia, politi _____ , _____ lato, _____ seppe, zuc _____ ni,

_____ mania, tedes _____ , _____ gonzola.

ÜBUNG 4

Auf dieser Italienkarte finden Sie einige Städte und einige Namen, die bei der Lösung der Übung eine wichtige Rolle spielen!

a) *Sieben Personen werden sich jetzt vorstellen. Hören Sie aufmerksam zu und lesen Sie mit.*

Sono la signora Giuliana Chigi di Genova.
Sono Giorgio Canin di Vicenza.
Mi chiamo Francesca Trevigiani e sono di Bologna.
E io sono il professor Bianchi di Perugia.
Sono Rocco Dolce di Reggio Calabria.
Sono la signora Decherchi di Cagliari.
E io sono Gina Lala di Agrigento.

b) *Spulen Sie zurück und hören Sie die Cassette ein zweites Mal an. Versuchen Sie nun, die Städtenamen in die richtigen Kästchen der Landkarte einzutragen.*

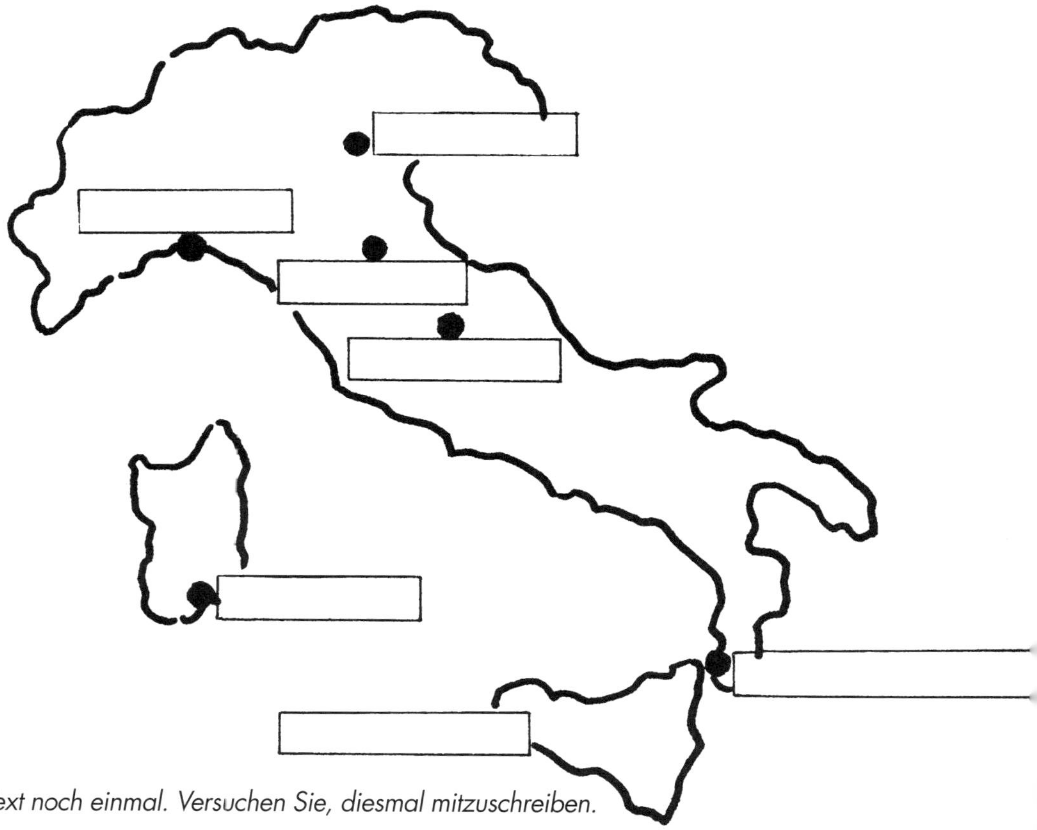

c) *Hören Sie den Text noch einmal. Versuchen Sie, diesmal mitzuschreiben.*

Sono la signora ______________________ di Genova.

Sono ______________________ di Vicenza.

Mi chiamo ______________________ e sono di Bologna.

E io sono il professor ______________________ di Perugia.

Sono ______________________ di Reggio Calabria.

Sono la signora ______________________ di Cagliari.

E io sono ______________________ di Agrigento.

ÜBUNG 5

a) *Von der Cassette hören Sie die Namen von acht italienischen Persönlichkeiten. Schreiben Sie mit, wenn die Namen buchstabiert werden.*

____

____

b) *Lesen Sie nun, was Sie notiert haben noch einmal durch, und überprüfen Sie Ihre Aufzeichnungen mit Hilfe der Cassette.*

ÜBUNG 6–7 nach ESERCIZIO 7

ÜBUNG 6

Verbinden Sie jede Frage mit der passenden Antwort.

1. Sei tu Antonio?
2. Come ti chiami?
3. E lui, come si chiama?
4. Scusi, Signora, Lei come si chiama?
5. Scusi, Lei è Gina Lollo?

a) No, sono Gianna Ponti.
b) Maria, e tu?
c) No, io sono Mauro.
d) Si chiama Luigi.
e) Mi chiamo Giulia Magli.

ÜBUNG 7

Welche Formen von "essere" *fehlen?*

1. ~ Scusi, ____________ Lei la mamma di Bruno? ≈ Sì, ____________ io.

2. ~ Enzo e Carlo ________ di Napoli, vero? ≈ No, Enzo ________ di Palermo e Carlo di Bari.

3. ~ ____________ turisti anche voi? ≈ No, noi ____________ studenti.

4. ~ ____________ di Genova? ≈ Noi sì, loro invece* ______________ di San Remo.

5. ~ Tu non ____________ italiana, vero? ≈ No, ____________ ticinese*.

ÜBUNG 8–12 nach ESERCIZIO 10

ÜBUNG 8

Die Welt wird immer kleiner, und Mischehen werden deshalb immer häufiger. Welche Nationalitäten haben diese Brautpaare?

➡ 1. Lui è inglese e lei è italiana.

1. Laura (I) e John (GB)

2. Heike (D) e Lars (DK)

3. Efelka (PL) e Heinz (CH)

4. François (CH) e Marinette (F)

5. Carmen (E) e Walter (A)

6. Joaquim (BR) e Athina (GR)

ÜBUNG 9

Vervollständigen Sie folgende Liste. Wenn Sie Hilfe brauchen, benutzen Sie ein Wörterbuch oder fragen Sie Ihre/n Kursleiter/in.

PAESE	CAPITALE	LINGUA
Italia	____________	____________
Inghilterra	Londra	____________
Ungheria	Budapest	____________
____________	Madrid	____________
Svizzera	____________	____________
Francia	____________	____________
____________	Lisbona	____________
Austria	____________	____________
Danimarca	Copenaghen	____________
Brasile	____________	____________

ÜBUNG 10

a) *Wie heißen folgende Städte auf deutsch?*

Ein Tip: Die Städte liegen in Deutschland, Österreich, der Schweiz oder in Südtirol.

- Stoccarda, Amburgo, Treviri, Monaco di Baviera, Lipsia, Magonza, Augusta
- Coira, San Gallo, Ginevra, Losanna, Sciaffusa
- Salisburgo, Villaco, Vienna
- Bressanone, Bolzano, Vipiteno

b) *Und wie lautet der italienische Name folgender Städte? Ihr/e Kursleiter/in hilft Ihnen bestimmt weiter, wenn Sie fragen:*

"Come si dice ... in italiano?"

Berlin ____________, Köln ____________, Nürnberg ____________,

Frankfurt ____________, Aachen ____________, Freiburg ____________,

Basel ____________, Zürich ____________, Wien ____________.

ÜBUNG 11

Diese Leute sind nach ihrer Heimatstadt gefragt worden. Wie lauten die Antworten? Achten Sie darauf, daß jeweils die Gruppe bzw. die Person links antwortet.

→ 1. Noi siamo di Bellinzona, lui invece è di Lugano.

1. Bellinzona – Lugano

2. Bressanone – Trento

3. Olbia – Sassari

4. Venezia – Padova

5. Cremona – Trieste

6. Sciaffusa – Berna

ÜBUNG 12

Italiener gelten als kontaktfreudig. Lassen Sie sich auf das Gespräch a) ein, wenn Sie ein Mann sind, und auf das Gespräch b), wenn Sie eine Frau sind.

a) ~ Ciao.

≈ ______________________________

~ Senti *, sei tu Horst?

≈ ______________________________

~ Io sono Claudio. Tu sei svizzero?

≈ ______________________________

~ E di dove?

≈ ______________________________

~ Io sono di Milano . . .

b) ~ Buongiorno.

≈ ______________________________

~ Scusi, ma è Lei Heidi Schwarz?

≈ ______________________________

~ Io sono Angela Magris. Lei è austriaca?

≈ ______________________________

~ E di dove?

≈ ______________________________

~ Io sono di Trieste . . .

ÜBUNG13–14 nach ESERCIZIO 11

ÜBUNG 13

Wenn Sie in Berlin wohnen, sind Ihnen vielleicht einige der folgenden italienischen Restaurants bekannt. Wissen Sie aber auch, was die Namen bedeuten? Wenn nicht, fragen Sie andere Kursteilnehmer/innen oder Ihre/n Kursleiter/in: "Che cosa significa ...?"

RISTORANTE Alla Fontana Ludolfingerplatz 2 · 13465 Berlin Tel. (0 30) 4 01 91 32	RISTORANTE »Il Porto« Inhaber: Pietro Piredda Angerburger Allee 45 · 14055 Berlin Tel. (0 30) 3 05 69 05
RISTORANTE · PIZZERIA ZODIACO Inhaber: Francesca Bufacchi Königin-Luise-Str. 40 · 14195 Berlin Tel. (0 30) 8 32 46 47	RISTORANTE RISTOPESCE Inhaber: Klaus Hökel/Manfred Pollmann Tempelhofer Ufer 16 · 10963 Berlin Tel. (0 30) 2 15 77 85
RISTORANTE · PIZZERIA LA LUNA Inhaber: Natale Palermo Nürnberger Str. 22 · 10789 Berlin Tel. (0 30) 24 10 10	RISTORANTE GALLO D'ORO Inhaber: Elio Piroddi/Pietro Marras Bayernallee 42a · 14052 Berlin Tel. (0 30) 3 05 93 95

ÜBUNG 14

Ihr/e Kursleiter/in hat folgende Sätze sicherlich auch schon einmal zu Ihnen gesagt. Wissen Sie noch, was sie bedeuten?

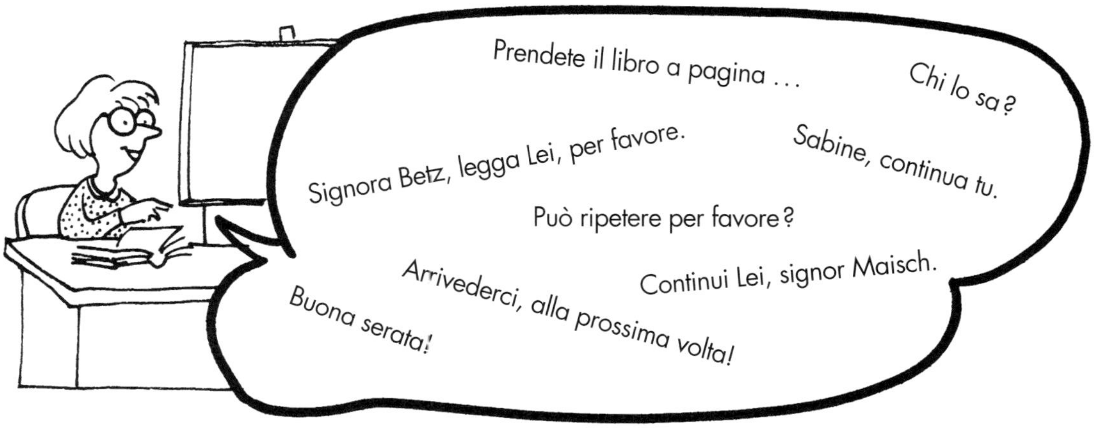

LEZIONE 2

ÜBUNG 1–4 nach ESERCIZIO 3

ÜBUNG 1

Beschreiben Sie sich selbst auf einem Zettel. Die Zettel werden gemischt. Jede/r Kursteilnehmer/in zieht dann einen der Zettel und fragt etwa so:

"Chi è? È tedesca, bionda ..."

Die anderen versuchen, die beschriebene Person zu erraten.

ÜBUNG 2

Beschreiben Sie die vorkommenden sechs Personen mit Hilfe der Dominosteinchen.
Die einzelnen Elemente können mehrfach verwendet werden.

Achtung: Einige Steinchen sind zerbrochen und müssen erst zusammengefügt werden!

ÜBUNG 3

buòno 1. *adj.* gut; freundlich, gütig, liebenswürdig; ruhig, artig, lieb; tüchtig, fähig, geschickt; achtbar, ehrsam, anständig; angenehm, schmackhaft; eßbar, genießbar; wertvoll, kostbar; echt; im Kurs; gültig; lohnend, nützlich; günstig; geeignet; stichhaltig; wirksam; *-a condotta f* gute Führung *f*; *-a fortuna f* viel Glück *n*; *-a società f* gute Gesellschaft *f*; *buon viaggio m* gute Reise *f*; *~ a nulla* zu nichts nutz; *~ come il pane* herzensgut;

brav|o 1. *adj.* tüchtig; gut; geschickt; rechtschaffen, anständig, ehrlich; mutig, tapfer, beherzt; lieb, artig, brav; *~!* bravo!; *da ~!* Mut!; *fare il ~* den Mund voll nehmen; F artig sein; **2.** *m ehm. gedungener* Mordgeselle *m*; **~ura** *f* Tüchtigkeit *f*, Geschicklichkeit *f*; Bravour *f*; Erfahrenheit *f*; Kühnheit *f*, Tapferkeit *f*; *iro.* Heldentat *f*.

Mit freundlicher Genehmigung entnommen aus: Langenscheidt, Handwörterbuch Italienisch – Deutsch, Berlin und München 1991

buono, -a ['bu̯ɔ:no] **I.** ‹più buono *o.* migliore, buonissimo *o.* ottimo› *a* **1.** gut; *(persona a.)* anständig; *(indulgente)* gütig; *(bambino)* brav, artig, lieb; *(ragione a.)* triftig; *(tempo a.)* schön; *(gastr a.)* genießbar, eßbar; **2.** *(adatto a.)* gut, tauglich, passend, geeignet; **3.** *com (moneta)* gültig; *(oro, etc.)* echt; **buon senso** gesunder Menschenverstand; **un'anima -a** eine Seele von Mensch *fam;* **è -a gente** das sind gute (*o.* anständige) Leute; **essere ~ con qu** gut zu jdm sein; **essere ~ come il pane** herzensgut sein;

bravo, -a ['bra:vo] **I.** *a* **1.** *(abile)* tüchtig, fähig; **2.** *(onesto)* ehrlich, anständig, rechtschaffen; **3.** *(buono)* gut; *(bambino)* brav, artig; **4.** *(coraggioso)* mutig; **5.** *fam* (heiß)geliebt; **essere ~ in qc** (*o.* **a fare qc**) etw. gut (machen) können; **fare il ~** *(esortazione)* lieb (*o.* artig) sein; *(ostentazione)* den Mund vollnehmen; **su su, da ~, vieni qua** *fam* sei schön artig und komm her; **II.** *interj* bravo, gut, toll; **III.** *m hist* Meuchelmörder *m.* **bravura** [bra'vu:ra] *f* Geschicklichkeit *f,* Können *n; (virtuosismo)* Bravour *f;* **pezzo di ~** *tec* Meisterstück *n; fig* Glanz-, Meisterleistung *f;* **con ~** mit Bravour, bravourös.

Aus: Pons Globalwörterbuch Italienisch – Deutsch, Deutsch – Italienisch, Stuttgart: Klett 1990

a) *Vergleichen Sie die Einträge in den beiden Wörterbüchern, und notieren Sie drei für Sie wichtige deutsche Entsprechungen in der Tabelle.*

	buono	bravo
Langenscheidt	________________	________________
PONS	________________	________________

b) *Ergänzen Sie die Sätze und besprechen Sie sie mit Ihrem/Ihrer Kursleiter/in.*

1. Gianni è un bambino molto ________________ .
2. Questa pizza è veramente ________________ .
3. Gli studenti studiano molto e sono ________________ .
4. È una ________________ insegnante.
5. Mastroianni è molto ________________ .
6. È una ________________ idea.

ÜBUNG 4

Bei folgenden Adjektiven bilden jeweils zwei einen Gegensatz. Finden Sie die Paare. Wenn nötig, nehmen Sie ein Wörterbuch zu Hilfe.

forte
giovane bello
intelligente antipatico
vecchio stupido
arrogante estroverso
brutto gentile
debole simpatico
introverso

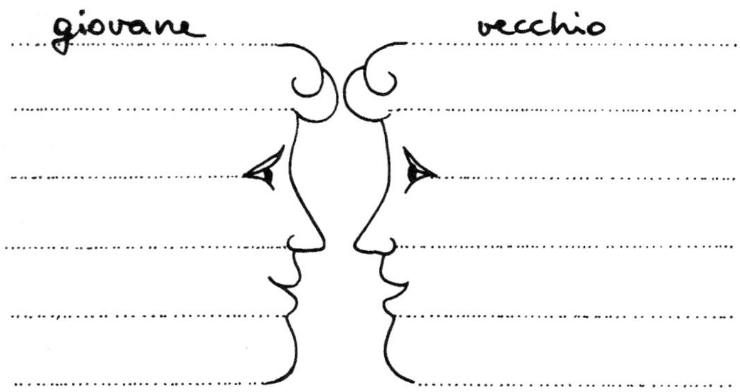

ÜBUNG 5–12 nach ESERCIZIO 7

ÜBUNG 5

Beschriften Sie die Ketten mit den fehlenden Formen von "avere" *und* "essere".

ho ....

sono ....

ÜBUNG 6

Vervollständigen Sie die Dialoge.

~ Signora Bonini, Lei ________________ qui, a Verona?

≈ Sì, ________________ qui.

~ Ed i Favaretto, ________________ anche loro a Verona?

≈ No, loro ________________ a Venezia.

~ Paola, tu ________________ qui, alla Olivetti?

≈ Sì, ________________ qui.

~ E Giovanni, ________________ qui anche lui?

≈ Sì, ________________ insieme.*

ÜBUNG 7

LA FAMIGLIA DI MARGHERITA

a) *Im folgenden Text fehlen die Formen der Verben* "essere", "avere", "parlare", "abitare". *Setzen Sie die jeweils passende Form ein.*

Ein Tip: In einem Fall sind zwei Formen richtig.

Mi chiamo Margherita e __________ di Udine. __________ in Germania da molti anni.

Mio marito* __________ tedesco e non __________ l'italiano. __________ / __________

tre figli: Johannes, Hubert e Nicoletta. Johannes e Nicoletta __________ con noi

e Hubert __________ da solo in un piccolo appartamento. I figli __________

l'italiano. Johannes __________ un tipo molto latino, Hubert __________ un tipo

nordico. E Nicoletta, che tipo è?

b) *Stellen Sie sich nun in ähnlicher Weise schriftlich vor. Geben Sie Ihren Zettel an Ihre/n Nachbar/in. Diese/r liest ihn dann den anderen vor. Fangen Sie so an:*

"Si chiama ..."

ÜBUNG 8

In dem Buchstabenquadrat finden Sie alle Präsensformen der Verben "studiare", "cercare" *und* "pagare". *Die übrigbleibenden Buchstaben ergeben, richtig zusammengesetzt, den Namen einer Region in Norditalien und deren Hauptstadt.*

L	S	T	U	D	I	A	P	A	G	A
G	C	E	R	C	H	I	A	M	O	S
N	E	P	I	E	C	P	G	E	S	T
V	R	A	S	R	E	A	H	C	T	U
A	C	G	T	C	R	G	I	E	U	D
C	A	A	U	A	C	A	P	R	D	I
E	T	N	D	N	A	T	A	C	I	A
R	E	O	I	O	G	E	G	O	A	N
C	I	S	T	U	D	I	O	O	M	O
H	P	A	G	H	I	A	M	O	O	U
I	S	T	U	D	I	A	T	E	R	A

Soluzione: ______________________________

ÜBUNG 9

Wie müssen im folgenden Gespräch die Verben "avere", "chiamarsi", "essere" *und* "parlare" *eingesetzt werden?*

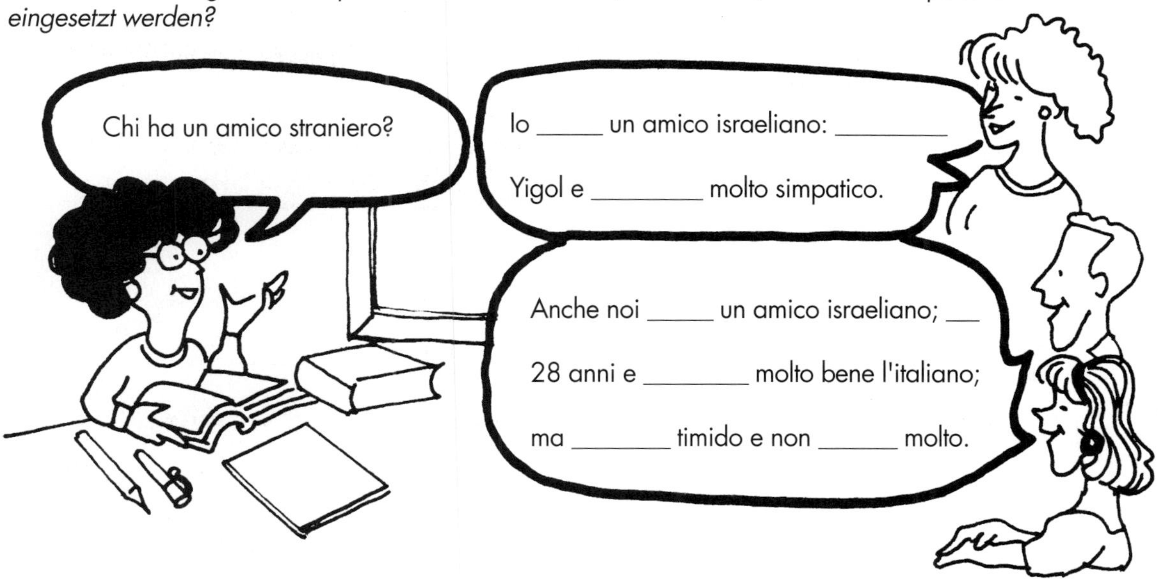

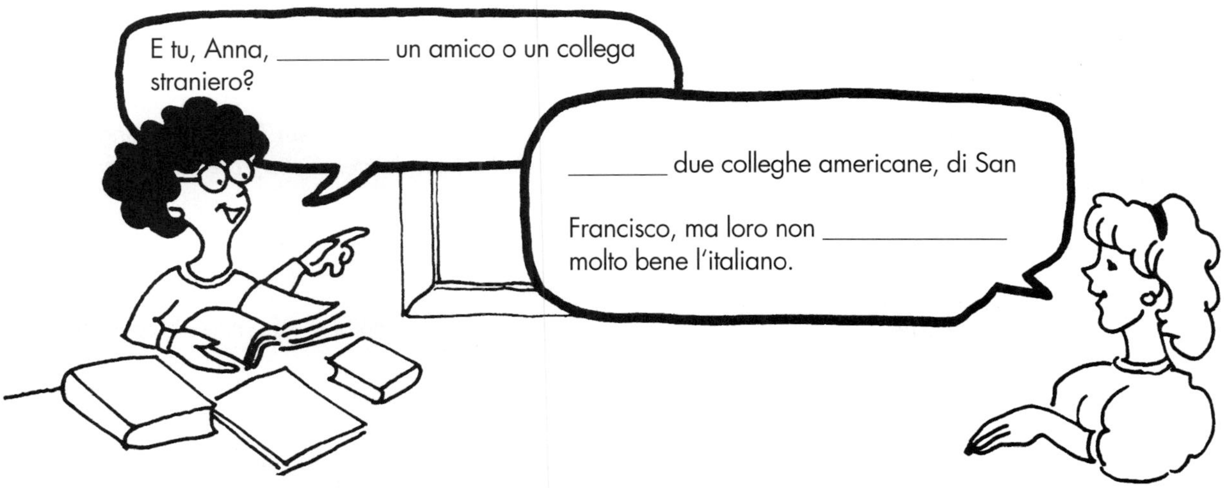

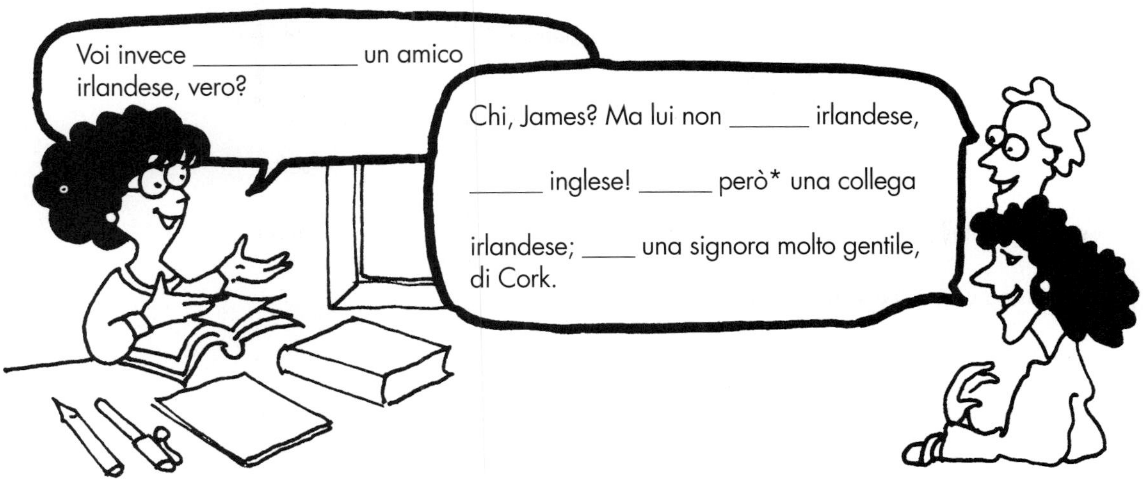

ÜBUNG 10

a) *Hören Sie folgende Verbformen von der Cassette, und setzen Sie jeweils einen Punkt unter den betonten Vokal. Lesen Sie anschließend die Formen laut vor.*

fumo – fumano; ballo – ballano; nuoto – nuotano; pago – pagano; ascolto – ascoltano; guardo – guardano; gioco – giocano.

b) *Ordnen Sie die Infinitivformen der obigen Verben den deutschen Entsprechungen zu.*

1. Tennis spielen ______________________ a tennis
2. Musik hören ______________________ la musica
3. fernsehen ______________________ la televisione
4. rauchen ______________________
5. tanzen ______________________
6. bezahlen ______________________
7. schwimmen ______________________

guardare
pagare
giocare
nuotare
ballare
ascoltare
fumare

ÜBUNG 11

Hier sucht eine junge Frau einen Lebensgefährten. Wir haben die Verben aus dem Text entfernt und am Rand auf deutsch angegeben. Wie lautete der ursprüngliche Text? Achten Sie auf die Personen.

__________ Sabine, ____________ e ________	*heißen, 22 Jahre alt, arbeiten*
come segretaria all'Olivetti. Non ____________ brutta,	*sein*
non ____________ , ____________ a tennis	*rauchen, spielen*
e mi piace* ballare*. E tu, __________ volentieri*?	*tanzen*
__________ a tennis anche tu?	*spielen*
__________ simpatico, allegro	*sein*
e intelligente? __________ volentieri	*hören*
la musica classica e la musica pop?	
Sì? Allora ...	

ÜBUNG 12

Setzen Sie "non" an die richtige Stelle.

1. Sandro è in Italia.

2. Lisa ha un amico tedesco.

3. La tua ragazza è italiana?

4. Giuseppe è arrogante, è timido.

5. Il caffè è caldo.

6. Madrid è la capitale d'Italia.

7. Paolo ha 25 anni.

ÜBUNG 13–16 nach ESERCIZIO 10

ÜBUNG 13

Am Verhandlungstisch sitzen Vertreter verschiedener Länder. Zählen Sie sie mit ihrer Nationalität auf.

Alla tavola rotonda* pertecipano*:

due polacche, ___________________________

____

____

ÜBUNG 14

Der reiche Onkel aus Amerika hat auf einer Europareise groß eingekauft.
Sehen Sie sich die Zeichnungen an und ergänzen Sie die Liste.

una statua greca

______ castello ______

______ hotel ______

______ profumo ______

______ macchina ______

______ strumento musicale ______

ÜBUNG 15

a) *Dem Wörterbuch können Sie entnehmen, ob ein italienisches Substantiv weiblich (feminin = f) oder männlich (maskulin = m) ist. Was gibt das Wörterbuch für folgende Wörter an? Kreuzen Sie die entsprechende Angabe an, und vergessen Sie nicht, daß einige Wörter sowohl männlich als auch weiblich sein können.*

	m	f
cinema		
foto		

	m	f
turista		
insegnante		

b) *Tragen Sie nun bei folgenden Wörtern den richtigen unbestimmten Artikel ein. Sollten bei einem Wort die männliche und die weibliche Form identisch sein, geben Sie beide Artikel an:*

______ radio, ______ sport, ______ caffè, ______ zoo, ______ ristorante,

______ pilota, ______ stazione, ______ bar, ______ telegramma.

ÜBUNG 16

Sie möchten eine Person, die Sie interessiert, näher kennenlernen. Fragen Sie sie auf italienisch,

– *wie sie heißt,* Come si chiama? / Come ti chiami?

– *woher sie ist,* ______________________

– *wie alt sie ist,* ______________________

– *wo sie wohnt,* ______________________

– *ob sie studiert oder arbeitet,* ______________________

– *ob sie Deutsch spricht.* ______________________

ÜBUNG 17–20 nach ESERCIZIO 13

ÜBUNG 17

Ergänzen Sie die Dialoge mit den passenden Formen von "stare".

1. ~ Carla, senti, come __________ il papà?

   ≈ Eh, __________ abbastanza bene, grazie.

   E Lei, signora, __________ bene?

   ~ Sì, anch'io __________ bene, grazie.

   ≈ E Anna e Luisa?

   ~ Ah, loro __________ sempre* bene.

2. ~ Oh, ciao, Angela, come __________ ?

   ≈ Non c'è male; e voi, __________ bene?

   ~ Sì, sì, __________ abbastanza bene.

ÜBUNG 18

Versuchen Sie, aus den folgenden Sätzen 3 kleine Dialoge zu bilden.

No, io sono Laura. Così, così. Sei tu Maria? È lei.
Abbastanza bene. Ciao, Maria, come stai? Chi è Maria, allora?
Buongiorno, signor Schley, come sta? Non c'è male, e Lei? Bene, e tu?

____

____

____

ÜBUNG 19

a) *Sie hören einige Wörter, kreuzen Sie die korrekte Schreibweise an:*

	gn	ni
1.	______	______
2.	______	______
3.	______	______
4.	______	______

	gl	li
5.	______	______
6.	______	______
7.	______	______
8.	______	______

b) *Sie hören nun einen kleinen Text, der hier nur teilweise abgedruckt ist. Versuchen Sie, die Lücken zu füllen.*

Il __________ e la __________ Rossi sono di __________ . __________ Rossi

è __________ , __________ Rossi, la __________ , è __________ . I Rossi hanno una

__________ che studia a Perugia.

ÜBUNG 20

Hören Sie auf der Cassette, was die zwei jungen Leute sagen. Lesen Sie dann die nachstehenden Sätze genau durch, und unterstreichen Sie die Aussagen, die mit dem Gehörten nicht übereinstimmen. Überprüfen Sie Ihre Ergebnisse mit Ihrem Nachbarn.

1. Beatrice è italiana, di Siena.
2. Adesso è a Tubinga.
3. Studia il tedesco.
4. Il corso di tedesco non è molto interessante.
5. Per lei il tedesco è difficile.
6. Il suo ragazzo parla molto bene l'italiano.

1. Questo è Giuseppe, Beppe per gli amici.
2. È di Sassari.
3. Adesso è a Heidelberg per studiare fisica.
4. A Heidelberg abita presso una famiglia che ha due figli.
5. La famiglia non è molto simpatica.
6. Jürgen è ancora un bambino.

ÜBUNG 21-25 nach ESERCIZIO 18

ÜBUNG 21

Die unten stehenden Verben kennen Sie bereits aus den Arbeitsanweisungen im Lehrbuch. Schreiben Sie zuerst alle Formen dieser Verben in die Kästchen.

Kontrolle: Eine/r der Gruppe nennt eine der Zahlen, ein/e andere/r sagt das dazugehörige Verb.

30 raccontare	40	50	60	70	80	90
11 usare	12	13	15	17	18	19
28 formare	31	48	58	61	78	91
33 guardare	46	59	66	76	82	94
25 completare	32	49	53	67	74	89

ÜBUNG 22

Sie haben hier eine Aufstellung italienischer Städte mit der Postleitzahl (C.A.P. = Codice di Avviamento Postale) *und der Telefonvorwahl* (prefisso).

Bilden Sie kleine Gruppen, und wählen Sie auf der Italienkarte im Lehrbuch jeweils eine Region aus. Suchen Sie dann auf der Tabelle zwei bis vier Städte aus der jeweiligen Region, und fragen Sie anschließend die anderen Gruppen:

"Qual è il codice postale di Siracusa? Qual è il prefisso di Trapani?"

NUMERI DI CODICE POSTALE
E PREFISSI DI TELESELEZIONE DEI CAPOLUOGHI DI PROVINCIA

92100	Agrigento	0922	47100	Forlì	0543	33170	Pordenone	0434
15100	Alessandria	0131	03100	Frosinone	0775	85100	Potenza	0971
60100	Ancona	071	16100	Genova	010	97100	Ragusa	0932
11100	Aosta	0165	34170	Gorizia	0481	48100	Ravenna	0544
67100	Aquila (l')	0862	58100	Grosseto	0584	89100	Reggio Calabria	0965
52100	Arezzo	0575	18100	Imperia	0183	42100	Reggio Emilia	0522
63100	Ascoli Piceno	0736	86170	Isernia	0865	02100	Rieti	0746
14100	Asti	0141	04100	Latina	0773	00100	Roma	06
83100	Avellino	0825	73100	Lecce	0832	45100	Rovigo	0425
70100	Bari	080	57100	Livorno	0586	84100	Salerno	089
32100	Belluno	0437	55100	Lucca	0583	07100	Sassari	079
82100	Benevento	0824	62100	Macerata	0733	17100	Savona	019
24100	Bergamo	035	46100	Mantova	0376	53100	Siena	0577
40100	Bologna	051	54100	Massa	0585	96100	Siracusa	0931
39100	Bolzano	0471	75100	Matera	0835	23100	Sondrio	0342
25100	Brescia	030	98100	Messina	090	19100	Spezia (La)	0187
72100	Brindisi	0831	20100	Milano	02	74100	Taranto	099
09100	Cagliari	070	41100	Modena	059	64100	Teramo	0861
93100	Caltanissetta	0934	80100	Napoli	081	05100	Terni	0744
86100	Campobasso	0874	28100	Novara	0321	10100	Torino	011
81100	Caserta	0823	08100	Nuoro	0784	91100	Trapani	0923
95100	Catania	095	09170	Oristano	0783	38100	Trento	0461
88100	Catanzaro	0961	35100	Padova	049	31100	Treviso	0422
56100	Chieti	0871	90100	Palermo	091	34100	Trieste	040
22100	Como	031	43100	Parma	0521	33100	Udine	0432
87100	Cosenza	0984	27100	Pavia	0382	21100	Varese	0332
26100	Cremona	0372	06100	Perugia	075	30100	Venezia	041
12100	Cuneo	0171	61100	Pesaro	0721	13100	Vercelli	0161
94100	Enna	0935	65100	Pescara	085	37100	Verona	045
44100	Ferrara	0532	29100	Piacenza	0523	36100	Vicenza	0444
50100	Firenze	055	56100	Pisa	050	01100	Viterbo	0761
71100	Foggia	0881	51100	Pistoia	0573			

ÜBUNG 23

Versuchen Sie, folgende Wörter den dargestellten Gegenständen und Personen zuzuordnen. Wenn Sie Hilfe benötigen, schlagen Sie im Wörterbuch nach oder fragen Sie Ihre/n Kursleiter/in.

lavagna – banchi – sedie – porta – finestre – libri
insegnante – corsisti – registratore – proiettore per la lavagna luminosa

ÜBUNG 24

Diese Sätze können Sie bestimmt gut gebrauchen. Aber wie lauten Sie auf italienisch? Fragen Sie Ihre/n Kursleiter/in.

Entschuldigen Sie die Verspätung.	______________
Das nächste Mal kann ich leider nicht kommen.	______________
Heute muß ich leider früher gehen.	______________
Entschuldigung, ich habe nicht verstanden.	______________
Würden Sie bitte wiederholen?	______________
Kann ich das Fenster aufmachen/schließen?	______________

ÜBUNG 25

In welcher Anzeige geht es um:

Partnerschaft: ______________________________

Arbeit: ______________________________

Brieffreundschaft: ______________________________

Erweiterung der Italienischkenntnisse: ____________

1 ● TEDESCA di 17 anni vorrebbe corrispondere con ragazze/i di tutta Italia per imparare la lingua italiana. Interessi: Italia (soprattutto Venezia), lingue straniere, viaggiare e andare in giro con gli amici. Sandra Mostolski, Waldsaum 139, D-45134 Essen

2 ● ITALIANO, 39 anni, 1,85, snello, molto tenero e colto, cerca donna 20-47 anni per amicizia ed anche di più. Interessi: musica, teatro, cinema, viaggi, letteratura, pittura, archeologia, animali, natura. Parla tedesco, francese, inglese. Pietro Negreandu, Äuss. Passauer Str. 90, D-94315 Straubing

3 ● DESIDERO conoscere persone di tutto il mondo. Ho 24 anni e frequento una scuola commerciale. I miei interessi: tutela dell'ambiente, leggere, lingue, musica, ballo, sport, viaggiare, arte e cultura... Scrivimi, con foto, in tedesco, inglese o italiano. Doris Pichler, Straganz 10, A-9300 St. Veit

4 ● ITALIANA, 27 anni, laureata in Lingue. Perfetta conoscenza tedesco e inglese, buona conoscenza francese, diploma tedesco di esperta in import-export, esperienza in Germania nel campo import moda e come traduttrice e interprete, conoscenza D-Base, Word Perfect, Word 4, MS-DOS e Lotus 1-2-3, cerca lavoro interessante a Milano nel campo import-export abbigliamento, calzature o bigiotteria. Dott. Pinferetti-Stiller, Birkenstr. 13a, D-85604 Zorneding

5 ● CIRCOLO DI CONVERSAZIONE a Monaco di Baviera. Le persone disponibili e motivate a migliorare il livello di conversazione in un circolo di lingua italiana (martedì) sono pregate di scrivere a: "Circolo", Postlagernd, D-81241 München

LEZIONE 3

ÜBUNG 1–3 nach ESERCIZIO 5

ÜBUNG 1

a) *Ein Studentenwohnheim vor und nach Semesterende. Vergleichen Sie die beiden Zeichnungen, und notieren Sie, wie viele Studenten und Studentinnen abgereist sind. Achten Sie auf Geschlecht und Nationalität.*

____

____

____

____

b) *Vergleichen Sie anschließend zu zweit Ihre Ergebnisse.*

ÜBUNG 2

Welche Substantive haben für Singular und Plural verschiedene Endungen? Welche lauten im Singular und Plural gleich? Vervollständigen Sie die Tabellen mit den folgenden Wörtern. Benutzen Sie, wenn nötig, ein Wörterbuch.

anno – bar – camera – computer – balcone – autobus – problema *(m)* – città – quartiere programma *(m)* – nazionalità – piano – palazzo – foto – sport – lingua – taxi – giornale

Singular	Plural	Singular/Plural
______	______	______
______	______	______
______	______	______
______	______	______
______	______	______
______	______	______
______	______	______
______	______	______
______	______	______
______	______	______

ÜBUNG 3

Marco beschreibt sein Zuhause. Hören Sie die Cassette, und versuchen Sie, den Text zu vervollständigen. Achten Sie auf die Doppelkonsonanten - bb -, - cc -, - gg -, - ll -, - pp -, - rr -, - tt -, - zz -.

Abitiamo in una ____________ a schiera, in Via ____________ , numero ____________ .

La nostra* casa si trova in una ____________ zona verde* della ____________ .

____________ tre camere da letto*, i ____________ servizi, un grande ____________ ,

una ____________ ____________ ed un giardino molto ____________ .

ÜBUNG 4–8 nach ESERCIZIO 8

ÜBUNG 4

Wählen Sie eines dieser Bilder aus. Ihr/e Partner/in soll durch Fragen herausfinden, welches Bild Sie gewählt haben. Wenn er/sie die Lösung gefunden hat, tauschen Sie die Rollen.

~ Ci sono due uomini?
≈ Sì./No.

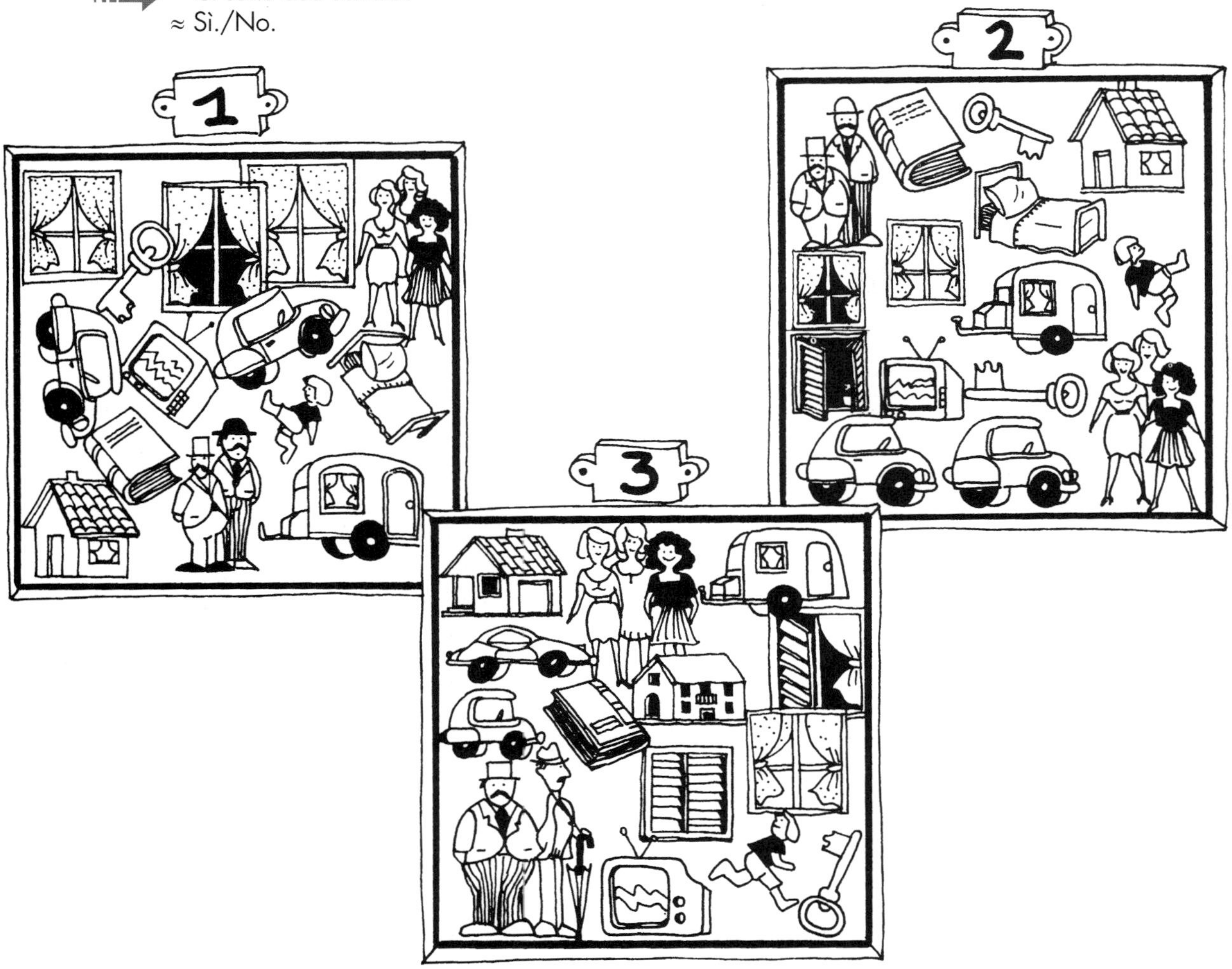

ÜBUNG 5

Ergänzen Sie folgende Sätze mit "c'è/ci sono", "è/sono".

1. All'università di Tubinga ____________ corsi di tedesco; Wolfram e Wolfgang sono gli insegnanti.

2. A Verona ____________ quattro quartieri. Il quartiere dove abito, borgo Trento, ____________ molto bello e tranquillo*.

3. In ogni città ____________ una periferia. Alla periferia di Roma ____________ molte case vecchie, baracche e roulotte.

4. In questo quartiere ____________ tredici bar. Il bar "Olimpo" ____________ nuovo.

5. Laura e Elio ____________ in città. Oggi in centro ____________ una grande festa perché ____________ carnevale.

ÜBUNG 6

Bilden Sie zwei Gruppen. Gruppe A liest eines ihrer Wörter vor, Gruppe B bildet den Plural bzw. den Singular. War die Antwort richtig, ist Gruppe B an der Reihe.

ÜBUNG 7

Hier fehlt jeweils der bestimmte Artikel im Singular oder im Plural. Setzen Sie die entsprechende Form ein.

_____ sedie

_____ asciugamani

_____ bagno

_____ stereo

_____ scarpe

_____ piatti

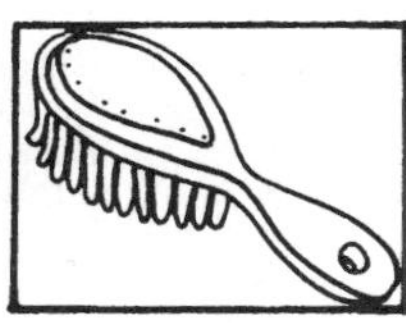
_____ spazzola

_____ ombrello

_____ specchio

_____ fon

ÜBUNG 8

Bei den folgenden Sätzen spielt die Satzmelodie eine entscheidende Rolle, denn von ihr hängt es ab, ob es sich um eine Frage (?) oder Aussage (.) handelt.
Hören Sie die Sätze von der Cassette, und tragen Sie dann die Satzzeichen ein.

Beispiele: Ha i doppi servizi [.]

Ha i doppi servizi [?]

1. Tu allora abiti in una villetta a schiera ☐
2. È a venti chilometri da Genova ☐
3. La casa è ristrutturata ☐
4. La casa è grande ☐
5. È luminosa la mansarda ☐
6. C'è anche il giardino ☐
7. La cucina è moderna ☐

ÜBUNG 9–11 nach ESERCIZIO 12

ÜBUNG 9

Wie finden Sie die abgebildeten Wohnstätten? Unterhalten Sie sich zu zweit darüber. Verwenden Sie dabei auch folgende Adjektive:

bello – brutto – buio – carino – comodo – confortevole – elegante – freddo *kalt* – grande – luminoso piccolo – scọmodo *unbequem* – spazioso *geräumig* – squạllido *trostlos/öde* – umido

~ Secondo me i grattacieli sono ...
≈ No, secondo me sono ... / Sì, anche per me sono ...

battello

grattacieli

chalet

iglù

case greche

tende indiane

ÜBUNG 10

Bilden Sie kurze Sätze zu den Zeichnungen, und versuchen Sie dabei, die folgenden Wörter möglichst im Plural zu verwenden.

antipatico – austriaco – polacco – simpatico – tedesco – tipo energico – vecchio albergo
amico/a – banca – baracca – collega – discoteca – lago – negozio – ufficio

Peter è tedesco. È un tipo energico. Ha due alberghi a Riva …
Theresia e Marie sono due amiche austriache, di Vienna …

ÜBUNG 11

a) *Sandra ist 18 Jahre alt und wohnt in einem kleinen Dorf im Apennin. Hören Sie, was sie erzählt. Beim zweiten Anhören merken Sie sich, was es in Sandras Dorf alles gibt bzw. nicht gibt. Tragen Sie Ihre Notizen hier ein.*

Nel paese di Sandra

c'è / ci sono …	non c'è / non ci sono …
______________	______________
______________	______________
______________	______________
______________	______________

b) *Berichten Sie nun selbst mit Hilfe Ihrer Notizen über Sandras Dorf.*

ÜBUNG 12–17 nach ESERCIZIO 16

ÜBUNG 12

Bilden Sie den Infinitiv folgender Verben und ordnen Sie ein.

ascoltate – aprite – cerchi – chiude – confrontano – consultate – discutete – dorme
legge – mettete – offrite – partono – racconta – conoscono – senti

ÜBUNG 13

Setzen Sie die Silben so zusammen, daß sich die Präsensformen von "vivere" *und* "dormire" *ergeben. Aus den übriggebliebenen Silben können Sie dann den Titel einer bekannten Oper von Giuseppe Verdi bilden.*

dor – dor – dor – dor – dor – dor – go – let – me – mi – mi – mia – mo – mo – mo – mo
no – no – ri – te – te – to – ve – ve – vi – vi – vi – vi – vi – vi – vi – via – vo – vo

Soluzione:

ÜBUNG 14

Setzen Sie die passenden Verben in der richtigen Form ein.

aprire – chiudere – conoscere – lavorare – leggere – parlare – prendere – vivere

1. Tu ________ bene Oliviero?
2. ________ anche Lei „La Gazzetta dello Sport"*?
3. Non ________ il signor Crescini. Chi è?
4. Anche Carmen ________ a Bologna.
5. Il Signor Bellocchio ________ in banca.
6. Signora Veloci, per andare al lavoro che cosa ________ ?
7. Guido e Luisa ________ molto bene lo spagnolo.
8. I Maier ________ in Italia da* dieci anni.
9. I negozi ________ alle nove* e ________ all'una.

ÜBUNG 15

a) *Schreiben Sie etwas über sich selbst auf einen Zettel, ohne dabei Ihren Namen zu erwähnen.*
Sie können ein Wörterbuch benutzen.

Vivo/Abito a ... – Lavoro a ... / Lavoro in ufficio. / Studio ... –
Per andare al lavoro / a scuola / all'università prendo ...
Leggo molto. – Amo la musica / la natura ... – Parlo tre lingue ...

b) *Der/Die Kursleiter/in sammelt anschließend die Zettel ein und verteilt sie neu.*
Erzählen Sie, was auf dem Zettel steht, und versuchen Sie, die Person zu erraten.

ÜBUNG 16

a) *Lesen Sie die folgenden Wörter laut vor. Achten Sie dabei besonders auf die Aussprache von* - ae -, - ei -, - eu -, - ie -, - ue -.

Fiesole, Colli Euganei, Eugenia, Aurelio, Siena, Europa, aereo, paese, dieci, aiuto, poi, reumatismi, fuoco, questo, guida, uomo, piano, Paolo, Piero, Mauro, maestro, sei.

b) *Zur Überprüfung der Aussprache hören Sie jetzt die Cassette.*

ÜBUNG 17

Übersetzen Sie den Brief.

Perugia, 10/8/93

Liebe Antonia,

wie Du siehst, lebe ich jetzt in Perugia. Ich wohne in einem sehr ruhigen und schönen Appartement am Stadtrand, ohne (senza) Verkehr und ohne Lärm. Um zur Uni zu fahren, nehme ich jeden Tag das Fahrrad.

Der Italienischkurs ist interessant, und ich habe schon viele Freunde ... Ich kenne auch die Lehrerin ganz gut. Sie heißt Rosa Ghibellini – ein sympathischer und energischer Typ. Sie studiert Deutsch hier in Perugia, kennt Berlin, spricht Englisch und Spanisch auch sehr gut, und sie ist sehr hübsch ...

Antonia, ich glaube, ich habe mich verliebt (credo di essermi innamorato)! Morgen (domani) haben wir keinen Unterricht. Wir nehmen den Zug und fahren (andiamo) nach Florenz.
Dort (li) gibt es ein Konzert mit (di) Vasco Rossi.
Ich bin wirklich sehr glücklich!

Und wie geht es Dir? Wie läuft die Arbeit? Wann (quando) kommst Du nach Perugia? Schreib mir (scrivimi) bald!

Tschüs!

Dein Felix

ÜBUNG 18–24 nach ESERCIZIO 21

ÜBUNG 18

Drei bekannte Persönlichkeiten aus Vergangenheit und Gegenwart stellen sich vor.
Tragen Sie die fehlenden Präpositionen "di, in, a" *ein.*

1. Studio l'anatomia, la fisica, l'architettura e faccio molti esperimenti.

   Vivo ______ Firenze, ma sono ______ Vinci. Ho un castello ______ Francia. ______ Parigi,

   al museo del Louvre, c'è la mia Gioconda, detta anche Monna Lisa. **Chi sono?** ________________

2. Sono ______ Siena. La mia famiglia ha una grande pasticceria* ______ Siena, io invece sono una

   cantante* rock. Ho molti fans ______ Germania. Nella mia band ci sono anche dei musicisti ______

   Colonia. Conoscete anche voi il mio hit "California"? **Chi sono?** ____________________________

3. Sono ______ Bay City, una città vicino a Detroit. Sono una cantante italoamericana e mi chiamo

   Loius Veronica Ciccone. Vivo ______ New York ______ un appartamento, ma ho anche una villa

   ______ California. Sono l'idolo americano degli anni '80. Conoscete "Who's That Girl"

   o "Holiday"? **Chi sono?** ____________________________

ÜBUNG 19

a) *Welche Wörter fehlen in den Sätzen? Ergänzen Sie mit* "nel, all', dal, della, sul".

1. Enrico è ______ ospedale.
2. I bambini giocano ______ parco.
3. Ho una camera con vista* ______ lago.
4. Hai il numero ______ signora Lovato?
5. ~ Da dove* vieni?
   ≈ ______ mercato.

b) *Ergänzen Sie die Präpositionen. Achten Sie darauf, den Artikel mit der Präposition zu verschmelzen.*

a	______ stazione, ______ zoo, ______ bar, ______ giardini pubblici, ______ stadio
in	______ palazzo, ______ centro storico, ______ negozi, ______ vecchie case di Roma
su	______ castello, ______ tetto, ______ mare, ______ Alpi *(f. pl.)*, ______ strisce
di	______ nonna, ______ studente, ______ amici, ______ colleghe, ______ albergo
da	______ centro, ______ città, ______ ufficio, ______ stazione

ÜBUNG 20

– *Arbeiten Sie zu zweit: A verteilt, ohne daß B es sieht, die Piktogramme auf die grauen Flächen im Stadtplan, indem er/sie die entsprechenden Zahlen einträgt.*
– *Wie hat A die einzelnen Piktogramme verteilt? Das soll B durch Fragen herausfinden und die Zahlen in den eigenen Stadtplan eintragen.*

~ Dov'è l'università? / È in via ...? / È vicino a ...? È di fronte a ...? ecc.
≈ Sì / No, è ...

– *Anschließend werden die Stadtpläne verglichen.*

STAZIONE F.S. ① | UNIVERSITÀ ② | CHIESA S. MARIA ③ | PARCHEGGIO ④ | UFFICIO INFORMAZIONI ⑤ | TRATTORIA DA NONNA TERESA ⑥ | PENSIONE ⑦

ÜBUNG 21

Sie sind in Passau und werden dort von zwei Italienern angesprochen, die das Fremdenverkehrsamt (l'ente per il turismo) *suchen. Legen Sie zuerst fest, wo Sie sich in der Stadt befinden, und beschreiben Sie dann den Weg.*

Allora*, prima bisogna andare ..., poi bisogna girare ... e continuare ...
Oder: Adesso andate ..., poi prendete ...

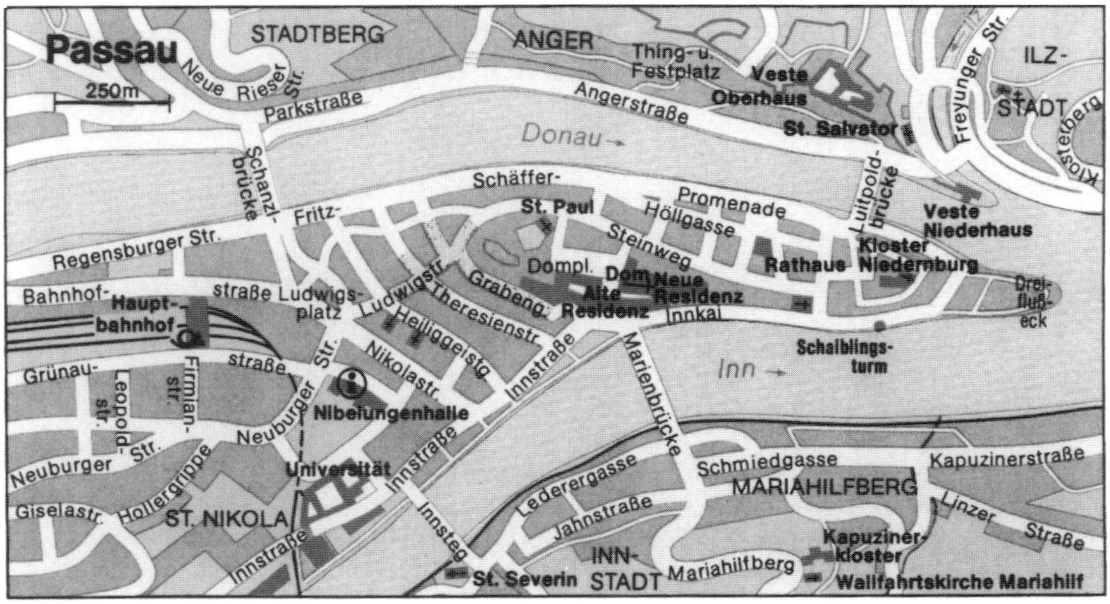

ÜBUNG 22

a) *Wer wohnt wo? Versuchen Sie, die Aufgabe mit Hilfe der folgenden Beschreibung zu lösen. Nehmen Sie ein Wörterbuch zu Hilfe.*
Nel nostro palazzo ci sono sei appartamenti: due al pianterreno, due al primo piano e due al secondo. Siamo in tre donne e tre uomini: un avvocato, un medico, una giornalista, una studentessa, una segretaria, un insegnante. Lucia abita all'ultimo piano di fronte a Donata. Francesca, la giornalista, ha l'appartamento sotto a quello di Giuseppe, il medico. Giovanni non è insegnante e abita al piano di Giuseppe, a sinistra. Donata, la segretaria, abita al secondo piano a destra. Guido, un amico di Francesca, abita al pianterreno a sinistra.

b) *Können Sie den Personen auch die richtige Berufsbezeichnung zuordnen?*
Lucia è ...

ÜBUNG 23

Arbeiten Sie zu zweit. Verbinden Sie die Fragen mit einer passenden Antwort. Tragen Sie anschließend einen der Minidialoge in der Klasse vor. Wenn Sie Hilfe brauchen, nehmen Sie ein Wörterbuch oder fragen Sie Ihre/n Kursleiter/in.

1. Scusi, per andare a Grado quale autostrada devo prendere?
2. Mi scusi, Signora, sa dov'è il bar Olimpiadi?
3. Scusi ... c'è un albergo qui vicino?
4. Scusate ragazze, è ancora molto lontana la stazione ferroviaria?
5. Scusa, c'è un ufficio informazioni qui vicino?
6. Scusate, cerchiamo benzina senza piombo. C'è un distributore in zona?
7. Scusi, mi sa dire dov'è l'ufficio postale?

a) Certo! Èin Via Leopardi ... la seconda strada a destra, è proprio di fronte allo stadio.
b) No, mi dispiace, però c'è un'agenzia viaggi in Via Carducci. Allora: prendi la prima strada a sinistra. L'agenzia è prima del semaforo.
c) Sì, è abbastanza lontana ... Da qui puoi prendere l'autobus, l'8 o il 14.
d) Sì ... ecco, ci sono tre o quattro hotel in Viale Roma, dopo il cinema Ariston.
e) C'è la Texas. È in fondo a Corso Venezia. Andate dritto fino al secondo incrocio e girate poi a sinistra.
f) Deve prendere la A 23 e uscire a Palmanova.
g) È in Piazza del Corriere, però oggi le poste non lavorano!

ÜBUNG 24

Stellen Sie sich vor, Sie sind in einer der folgenden Situationen. Welche der fünf Inserate auf dem Mailänder Immobilienmarkt könnte Sie dann interessieren?

1. *Sie müssen für ein Jahr beruflich nach Mailand und suchen eine möblierte Wohnung.*
2. *Ihre Firma sucht im Industriegebiet Mailands eine Lagerhalle.*
3. *Sie besitzen in den lombardischen Alpen ein Ferienhaus, das Sie jetzt gern für längere Zeit vermieten möchten.*
4. *Sie sind beruflich aufgestiegen und übernehmen einen leitenden Posten in der Mailänder Filiale Ihres Unternehmens. Die ganze Familie zieht mit.*
5. *Sie sind alleinstehend und möchten nach Italien ziehen. Eine Stelle in Mailand haben Sie schon gefunden; jetzt geht es an die Wohnungssuche.*

Affittasi

A **A Giussano,** a 20 km da Milano in complesso munito di portineria affittasi villa signorile: piano seminterrato mq. 105 più 3 posti auto – piano terreno: mq. 150 – piano primo: mq. 105 Telefonare 031/74.95.69 orario ufficio.

B **ABBIAMO** disponibilità immediata appartamenti vuoti arredati, prezzi ragionevoli, lunghe locazioni Milano e provincia. 02/58.30.04.82-58.30.96.45

C **ABBIATEGRASSO,** nuova circonvallazione, capannoni industriali in costruzione da mq. 350 lire 800.00 al mq. 94.10.087

D **AFFITTASI** Città Studi monolocale + cucina abitabile, bagno, terrazzino, 900.000 mensili spese incluse. CITYCASE 02/540.86.61

Cercasi

E **PRIVATO** cerca in affitto villa in montagna, in Lombardia o nel Veneto. 030/68.52.095

LEZIONE 4

STRADA FACENDO

Straßennamen sagen einiges über Land und Leute aus. So kann es durchaus sein, daß man beim Flanieren durch Alleen, Straßen und Gäßchen auf den Namen einer berühmten Persönlichkeit aus Wissenschaft, Kultur und Politik trifft, in Italien wie anderswo. Doch durch eine "via Lucullo" ins alte Rom zurückversertzt wird man wohl in keinem anderen Land.
Straßennamen können auch verraten, welche Berufsgruppe sich früher in einer Straße angesiedelt hatte, wie beim "Lungarno degli Acciaiuoli" oder bei der "Via dell'Arte della Lana". Oder sie erinnern ihren zufälligen Leser an wichtige Daten der italienischen Geschichte: Die "Via 24 Maggio", zum Beispiel, an den Eintritt Italiens in den Ersten Weltkrieg. Und spricht es nicht Bände, wenn ein Platz der Heiligen Susanne gewidmet ist, eine Allee den Kindern und eine Straße den Jungfrauen oder gar der Demut?

VIA
DELLE
VERGINI
R II

R. IV
VIALE
DEI
BAMBINI

PIAZZA
DEL PESCE

R. XVII
VIA
LUCULLO

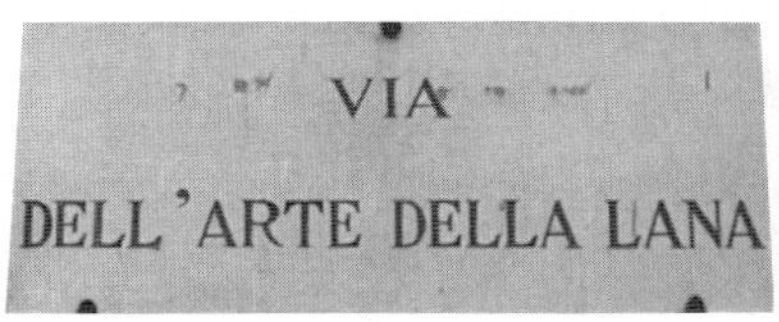
VIA
DELL'ARTE DELLA LANA

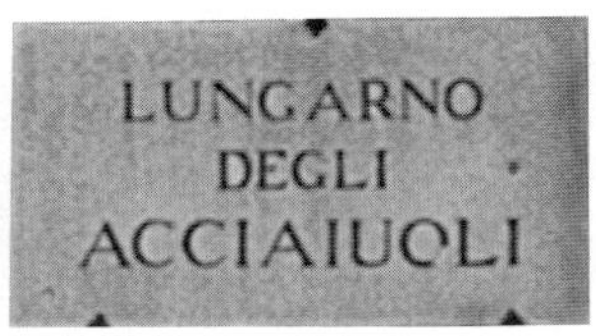
LUNGARNO
DEGLI
ACCIAIUOLI

VIA
DEL LAVATORE

Q. III
VIA
GIACOMO
PUCCINI
MUSICISTA 1858-1924

R. I
VIA
VENTIQVATTRO
MAGGIO

VIA
MONTE DI PIETÀ

LEZIONE 5

ÜBUNG 1–5 nach ESERCIZIO 4

ÜBUNG 1

Welche Sätze lassen sich aus folgenden Satzteilen bilden?
Ein Tip: Manche Satzteile lassen sich mehrfach kombinieren.

Il pomeriggio …	… viene al cinema?
Chi …	… non vengono?
Quando va …	… voi la domenica?
Perché loro …	… venite con noi o andate in centro?
E voi …	… vanno ancora all'asilo.
E tu che cosa …	… fate la spesa al mercato?
Perché non …	… andiamo in città.
Dove andate …	… vado spesso al mare.
Vengo …	… fanno colazione i bambini?
Anche voi …	… facciamo la spesa.
Vieni …	… anch'io con voi!
Marco e Giulia …	… fai il fine settimana?
Con chi fa …	… in ufficio Giusy De Carlo?
Il fine settimana (io) …	… una passeggiata la signora De Carlo?
Ogni domenica Enrico ed io …	… anche tu in discoteca con noi?

ÜBUNG 2

Arbeiten Sie zu zweit. Versuchen Sie, mit den folgenden Elementen Minidialoge zu improvisieren.

Chi Che cosa Quando/A che ora Come Dove Perché	tu/Lei voi loro	andare fare venire

~ Che cosa fate stasera?
≈ Andiamo a trovare Elisabetta.

ÜBUNG 3

a) *Welche Präposition (mit bzw. ohne Artikel) würden Sie hier verwenden?*

b) *Fallen Ihnen noch weitere Beispiele ein? Schreiben Sie sie auf und vergleichen Sie Ihre Ergebnisse.*

____

____

____

ÜBUNG 4

Stefano ist ein sehr neugieriger Mensch und kann es nicht lassen, andere über alles Mögliche auszufragen. Versuchen Sie, seine Fragen mit den entsprechenden Präpositionen (mit bzw. ohne Artikel) zu vervollständigen.

Scusi se sono curioso*, ma Lei va spesso* ______ ristorante? Dove fa la spesa: ______ mercato o ______ supermercato? Va volentieri ______ negozi del centro? Va ______ museo ogni tanto? Va anche ______ teatro? E perché non va anche ______ discoteca? Va volentieri ______ zoo? Non fa mai passeggiate ______ campagna? La domenica va ______ chiesa? Il fine settimana che cosa fa, sta ______ casa? Non va mai ______ mare?

ÜBUNG 5

Wohin fahren Nicoletta und Marcello? Was erleben sie? Erfinden Sie eine kleine Geschichte. Hier sind einige Wörter, die Sie verwenden können. Nehmen Sie, wenn nötig, ein Wörterbuch zu Hilfe.

abitare accompagnare amare andare essere fare incontrare mangiare tornare trovare visitare	amico bar bicicletta città gelato lavoro letto mare museo pausa piscina terrazza traffico	aperto arrogante bello bene buono carino contento interessante piccolo sensibile simpatico timido

ÜBUNG 6–10 nach ESERCIZIO 7

ÜBUNG 6

a) *Erinnern Sie sich an Giusy? Ordnen Sie Uhrzeit und Tätigkeit einander zu.*

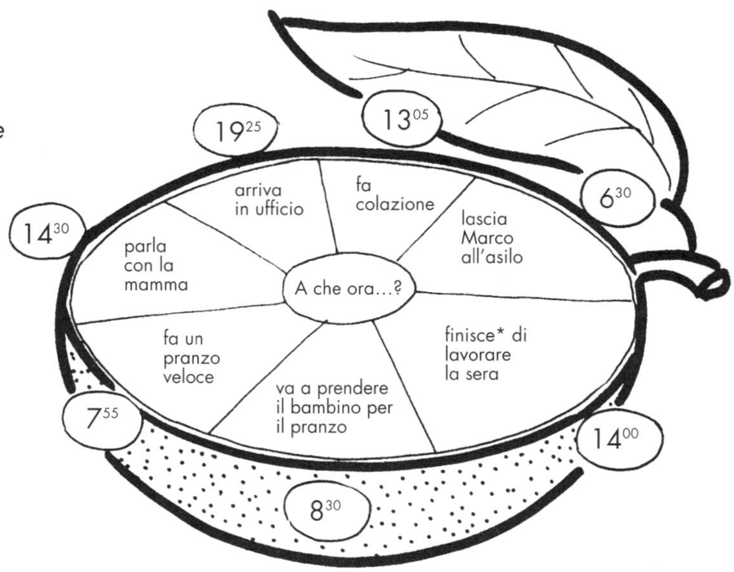

b) *Vergleichen Sie das Ergebnis zu zweit oder im Plenum, indem Sie sich gegenseitig fragen und antworten.*

~ A che ora fa colazione?
≈ Alle ...

c) *Wann kann man Giusy telefonisch erreichen?*

ÜBUNG 7

Was könnte man hier fragen? Versuchen Sie, zu den folgenden Antworten passende Fragen zu stellen.

ÜBUNG 8

Tragen Sie drei bis vier feste Termine in Ihr Kalenderblatt ein. Sie wollen sich mit jemanden aus Ihrem Kurs verabreden und wollen wissen, wann er/sie Zeit hat. Versuchen Sie, im Gespräch einen gemeinsamen Termin zu finden.

~ Alle quattro e un quarto va bene?
≈ Alle quattro no, mi dispiace, però alle cinque e mezza sono libero.

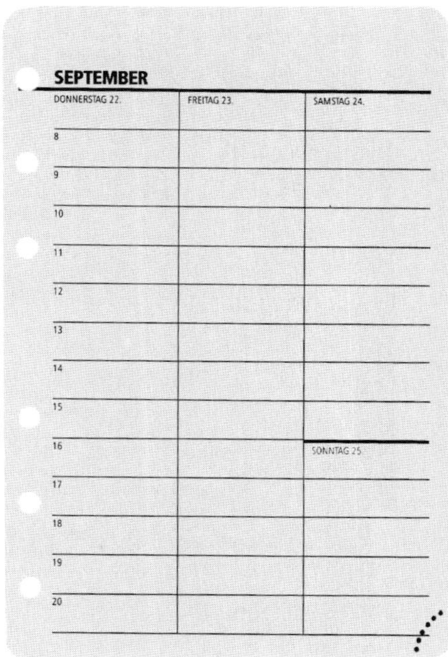

ÜBUNG 9

Lesen Sie die drei italienischen Sprichwörter. Kennen Sie die Entsprechungen auf deutsch? Wenn Sie Hilfe brauchen, benutzen Sie ein Wörterbuch oder fragen Sie Ihre/n Kursleiter/in.

ÜBUNG 10

Bilden Sie kurze Dialoge mit Ihrem/Ihrer Nachbar/in und tauschen Sie jedesmal die Rollen. Falls Sie ein Wort nicht verstehen, fragen Sie Ihre/n Kursleiter/in.

Es ist Samstagnachmittag, 17 Uhr. Sie sind in Ihrem Hotel in Turin angekommen. Sie brauchen verschiedene Informationen und fragen den Portier, der Ihnen Auskünfte und Ratschläge gibt.

1. *Sie möchten ins Museum gehen und fragen nach den Öffnungszeiten.*

2. *Sie wollen in die Kirche zur Messe gehen, haben aber am Sonntag nur bis 11 Uhr Zeit.*

3. *Sie brauchen noch Filme* (rullini) *für Ihre Kamera* (macchina fotografica) *und möchten wissen, bis wann ein Fotogeschäft in der Nähe des Hotels geöffnet hat.*

ÜBUNG 11–15 nach ESERCIZIO 13

ÜBUNG 11

Kinder haben oft ganz genaue Vorstellungen über ihren späteren Beruf. Setzen Sie im folgenden Text für die Infinitive die jeweils passende Verbform ein.

Allora ragazzi, che lavoro (volere) ________ fare da grandi*?

Io (volere) ________ fare il tassista perché i tassisti (potere) ________ guidare* tutto il giorno!

Sì, ma (dovere) ________ lavorare anche di notte.

Ma che dici! Se io non (volere) ________ non (dovere) ________ lavorare di notte!

E tu Massimo, che cosa (volere) ________ fare da grande?

Mah ... ancora non lo so, non (dovere) ________ essere un lavoro faticoso, questo (essere) ________ sicuro!

E tu Silvia?

Io (volere) ________ fare l'attrice* come mia sorella*.
(Volere) ________ lavorare insieme e andare in America a fare film.
La mamma dice che però prima* (dovere) ________ studiare.

ÜBUNG 12

Was sagen Sie in folgenden Situationen?

1. *Sie können nächste Woche nicht in den Italienischkurs kommen und möchten sich vorher entschuldigen.*
2. *Ein Kursteilnehmer konnte heute nicht kommen. Er hat Sie gebeten, im Kurs Bescheid zu sagen.*
3. *Das Fenster ist offen. Ihnen ist kalt und Sie möchten es schließen.*
4. *Sie möchten wissen, ob Sie rauchen dürfen.*
5. *Sie möchten einige Freunde einladen und fragen, um wieviel Uhr sie kommen können.*
6. *Sie werden eingeladen und möchten wissen, wann Sie kommen sollen.*

ÜBUNG 13

Wer findet die besten Ausreden? Versuchen Sie, die Verben "dovere" *und* "potere" *zu verwenden.*

1. Chi viene al cinema con me oggi pomeriggio?
2. Andate voi a fare la spesa oggi?
3. Senti, vai tu a prendere la nonna alla stazione, per favore? Io devo finire un lavoro!
4. Ragazzi, andate ad aiutare il papà in cucina!
5. Signorina, può telefonare alla signora De Gaetano prima delle 17^{00}?

ÜBUNG 14

Ergänzen Sie in der folgenden Liste die jeweils fehlende Form. Die angegebenen Endungen oder ein Wörterbuch helfen Ihnen dabei.

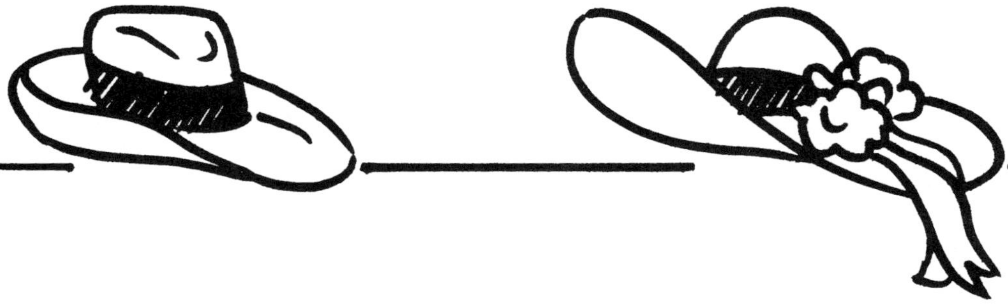

l'impiegat**o**	______________
______________	la commess**a**
l'operai**o**	______________
il camerier**e**	la camerier**a**
l'infermier**e**	______________
il parrucchier**e**	______________
il rappresent**ante**	______________
______________	la cant**ante**
il tass**ista**	______________
______________	la ceram**ista**
il tradut**tore**	______________
______________	l' opera**trice** (al computer)
l'at**tore**	______________
lo student**e**	la student**essa**
il professor**e**	______________

ÜBUNG 15

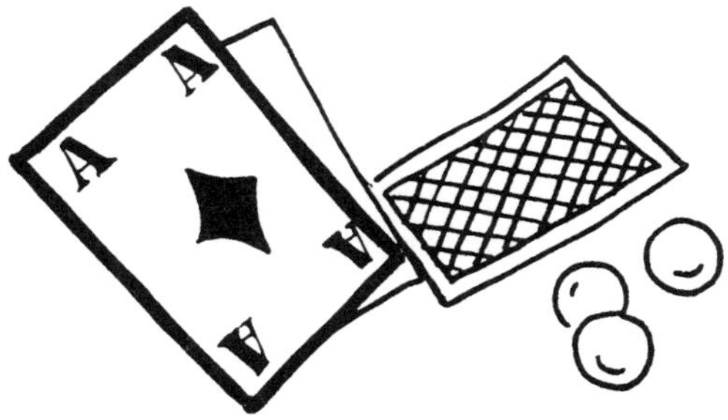

CHE LAVORO FANNO?

1. *Bilden Sie drei bis vier Gruppen.*
2. *Jede Gruppe sucht sich, mit Hilfe eines Wörterbuchs oder aus Übung 14, eine Berufsbezeichnung aus.*
3. *– Die Gruppen stellen jetzt der Reihe nach den ausgesuchten Beruf mit wenigen, typischen Gesten vor.*
   – Die anderen Gruppen versuchen, den Beruf zu erraten, wobei sie mindestens drei Fragen stellen müssen. (Man darf nicht erraten, ohne gefragt zu haben!)
   – Die Fragen müssen so gestellt werden, daß nur mit "sì" und "no" geantwortet werden kann.
   – Ist nach zehn Fragen der Beruf immer noch nicht erraten, so ist eine neue Gruppe an der Reihe.

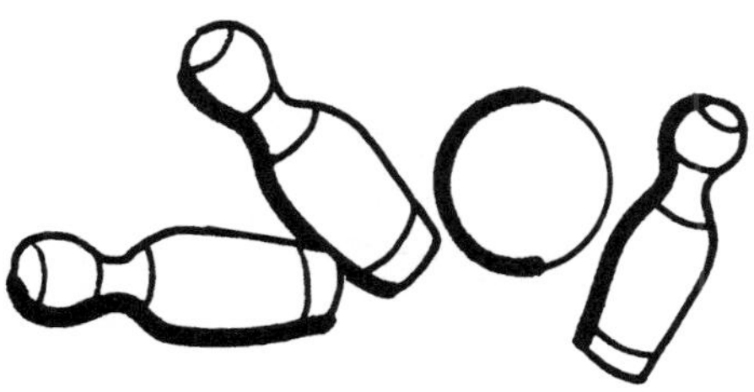

ÜBUNG 16–19 nach ESERCIZIO 18

ÜBUNG 16

Fügen Sie die Satzteile zusammen, und setzen Sie die Verben in die passende Form.

Laura, fa caldo ... apri la finestra, per favore?

Domani non vado al cinema ...

Chi lavora di notte ...

Laura, fa caldo ...

Se c'è ancora un treno diretto ...

Jeff è in Italia da tre mesi e ...

Questo film è lungo ...

(finire) verso mezzanotte.

(capire) abbastanza bene l'italiano.

(aprire) la finestra, per favore?

(dormire) di giorno.

(preferire) andare in piscina.

(noi – partire) stasera.

ÜBUNG 17

*Welche dieser sieben Verben auf "-ire" haben die Stammeserweiterung "-isc"?
Schreiben Sie sie hintereinander in die Schnecke. Bei richtiger Lösung ergeben die eingekreisten Buchstaben den Infinitiv eines anderen unregelmäßigen Verbs.*

1. sentire
2. preferire
3. aprire
4. capire
5. pulire
6. dormire
7. finire

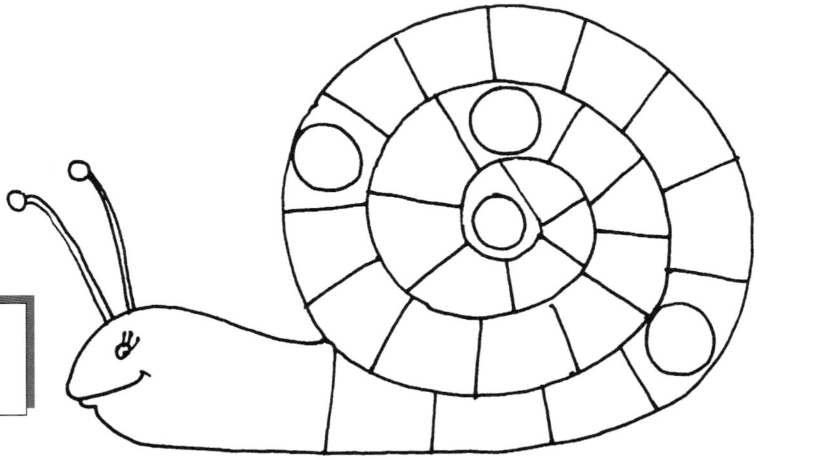

Soluzione:

ÜBUNG 18

Ergänzen Sie die fehlenden Personalpronomen.

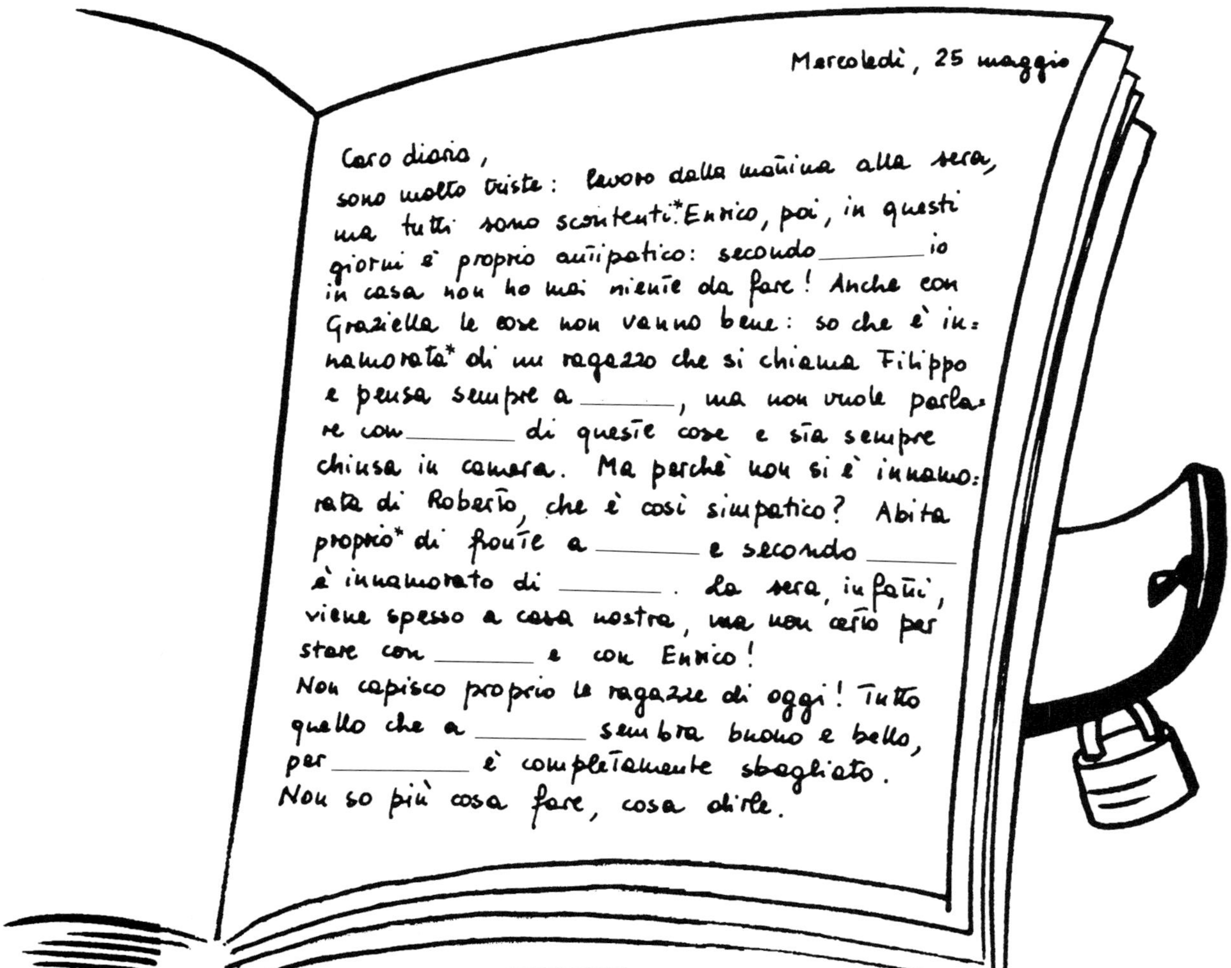

ÜBUNG 19

Übernehmen Sie die Rolle des Gastgebers (A) und des Gastes (B).

A: Sie haben Gäste aus Ancona.	B: Sie sind einer der Gäste.
Sie möchten wissen, wer Kaffee trinkt.	
~ ______________________	≈ ______________________
Sie fragen einen Gast, ob er den Kaffee mit oder ohne Zucker trinkt.	
~ ______________________	≈ ______________________
Sie überreichen dem Gast die Tasse mit dem Kaffee.	
~ ______________________	≈ ______________________
Sie reagieren auf den Dank.	
~ ______________________	
Sie fragen einen Gast, ob er zum Kuchen etwas Sahne nimmt.	
~ ______________________	≈ ______________________

ÜBUNG 20–21 nach ESERCIZIO 20

ÜBUNG 20

Wieviele Einwohner haben diese Städte? Hören Sie die Zahlen und tragen Sie sie ein.

Asmara	Brasilia	Oslo	Pechino	Praga	Roma	Washington
________	________	________	________	________	________	________

ÜBUNG 21

Fragen Sie sich gegenseitig, was diese Reise nach China kostet, und geben Sie den Preis in den verschiedenen Währungen an.

~ Quanto costa questo viaggio?
≈ Tremilaottocentocinquanta Yen.

ÜBUNG 22–27 nach ESERCIZIO 22

ÜBUNG 22

Welcher Wochentag und welche Uhrzeit passen zu welchem Gesicht?
Vergleichen Sie anschließend Ihre Ergebnisse.

① ② ③ ④ ⑤ ⑥ ⑦

ÜBUNG 23

In jeder Zeile ist der Name einer Hauptstadt versteckt. Erraten Sie die Städtenamen und streichen Sie die zugehörigen Buchstaben durch. Die übriggebliebenen Buchstaben ergeben in richtiger Reihenfolge das Präsens des Verbs "uscire".

1. Portogallo	S	A	L	B	A	N	O	O	C	M	U	I	S	I	______
2. Belgio	E	O	R	B	E	C	S	X	L	U	S	E	L		______
3. Gran Bretagna	A	R	D	C	S	U	N	L	O	I	E	T			______
4. Svizzera	B	O	E	N	O	R	C	N	S	A	E				______
5. Francia	G	R	I	I	E	P	E	A	S	C					______
6. Rep.* ceca	S	P	A	R	I	A	G	C	E						______

ÜBUNG 24

Wie verbringt Aldo die Woche? Hören Sie, was er erzählt, und schreiben Sie dann die Wochentage in die Bilder.

① 

② 

③ 

④ 

⑤ 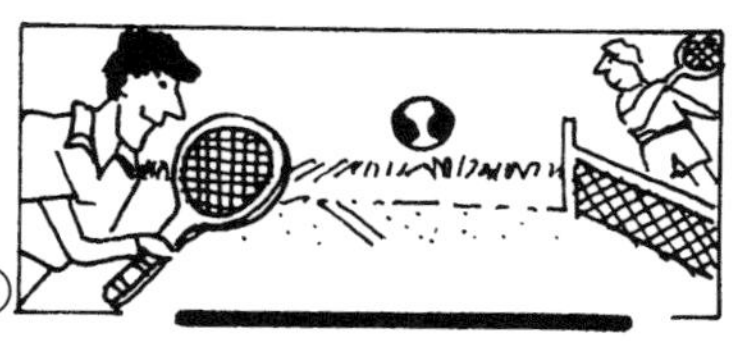

⑥ 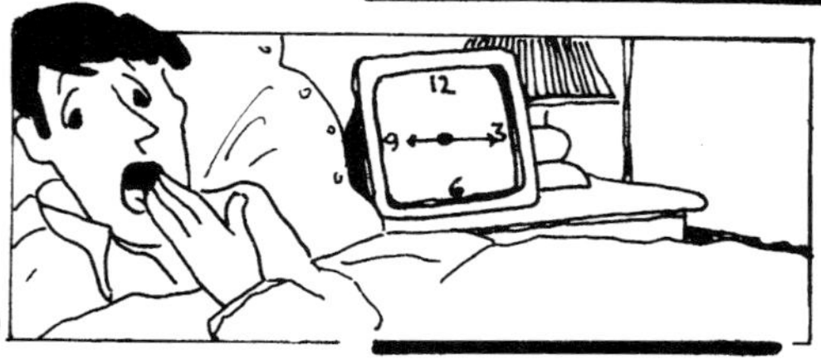

⑦ 

ÜBUNG 25

Wo fehlt der Artikel?

~ Pronto, ciao Cinzia, sono Paolo. Finalmente* sei a casa!

≈ Ah, ciao Paolo! Eh sì, purtroppo _____ sera non torno mai prima delle 8^{00}!

~ Ma tu lavori sempre! Quando esci con gli amici? Perché non vieni da me stasera?

≈ Ma Paolo ... Oggi è _____ lunedì e _____ lunedì e _____ giovedì vado a lezione d'inglese ...

Se vuoi possiamo uscire insieme _____ domenica prossima.

~ Sì, va bene anche _____ domenica. E quando vieni, _____ pomeriggio o _____ sera?

≈ Se per te va bene vengo _____ domenica sera verso le sette.

~ O.K. Allora ciao Cinzia, a _____ domenica!

≈ Ciao Paolo.

ÜBUNG 26

"Giocare a" *oder* "suonare": *Was tun hier die Hände? Versuchen Sie mit Hilfe folgender Wörter, die genaue Tätigkeit festzustellen.*

le carte – *Karten* la chitarra – *Gitarre* il flauto – *Flöte* il golf – *Golf*
la pallavolo – *Volleyball* il pianoforte – *Klavier*

① _______________

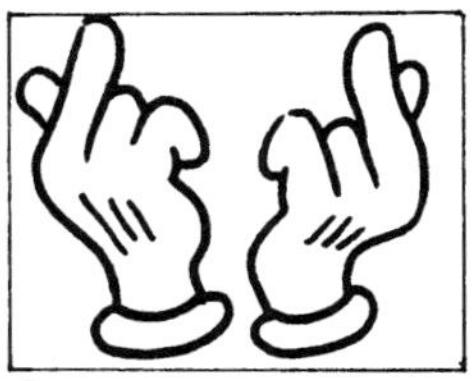
④ _______________

② _______________

⑤ _______________

③ _______________

⑥ _______________

ÜBUNG 27

Im folgenden Gedicht beschreibt Rodari eine Schule.

a) *Bilden Sie Kleingruppen, und versuchen Sie zunächst, für folgende Wörter und Ausdrücke die jeweils passende Übersetzung zu finden.*

1. mondo	*a. jemand, der die Klasse wiederholt*
2. si impara	*b. was man nicht weiß*
3. ripetente	*c. du wirst versetzt/durchkommen*
4. nessuno	*d. mach die Augen auf*
5. quel che non si sa	*e. Welt*
6. apri gli occhi	*f. niemand*
7. sarai promosso	*g. man lernt*

b) *Lesen Sie jetzt das Gedicht mehrere Male.*

UNA SCUOLA GRANDE COME IL MONDO

1. C'è una scuola grande come il mondo.
Ci insegnano maestri, professori,
avvocati, muratori,
televisori, giornali,
cartelli stradali,

2. Ci sono lezioni facili
e lezioni difficili,
brutte, belle e così così.

3. Ci si impara a parlare, a giocare,
a dormire, a svegliarsi,
a voler bene e perfino
ad arrabbiarsi.

4. Ci sono esami tutti i momenti,
ma non ci sono ripetenti,
nessuno può fermarsi a dieci anni,
a quindici, a venti,
e riposare un pochino.

5. Di imparare non si finisce mai
e quel che non si sa
è sempre più importante
di quel che si sa già.

6. Questa scuola è il mondo intero
quanto è grosso:
apri gli occhi e anche tu
sarai promosso.

GIANNI RODARI
da: Il libro degli errori, Edizioni E. Elle, Torino 1964

c) *Besprechen Sie jetzt in den Kleingruppen, in welchen Strophen Antworten auf die folgenden Fragen gegeben werden.*

- ☐ Was lernt man in dieser Schule?
- ☐ Wer sind die Lehrer?
- ☐ Wie sind die Schulstunden?
- ☐ Wie lange dauert die Ausbildung?
- ☐ Wann finden die Prüfungen statt, und wer besteht sie?
- ☐ Um welche Schule handelt es sich?

LEZIONE 6

ÜBUNG 1 nach ESERCIZIO 2

ÜBUNG 1

a) *Bilden Sie Sätze mit Hilfe der vorgegebenen Wendungen. Diese können Sie beliebig und mehrfach kombinieren. Geben Sie, wenn möglich, eine Begründung.*

Vorrei passare un mese a New York perché lì ho tanti amici/per imparare l'inglese/per fare nuove esperienze.

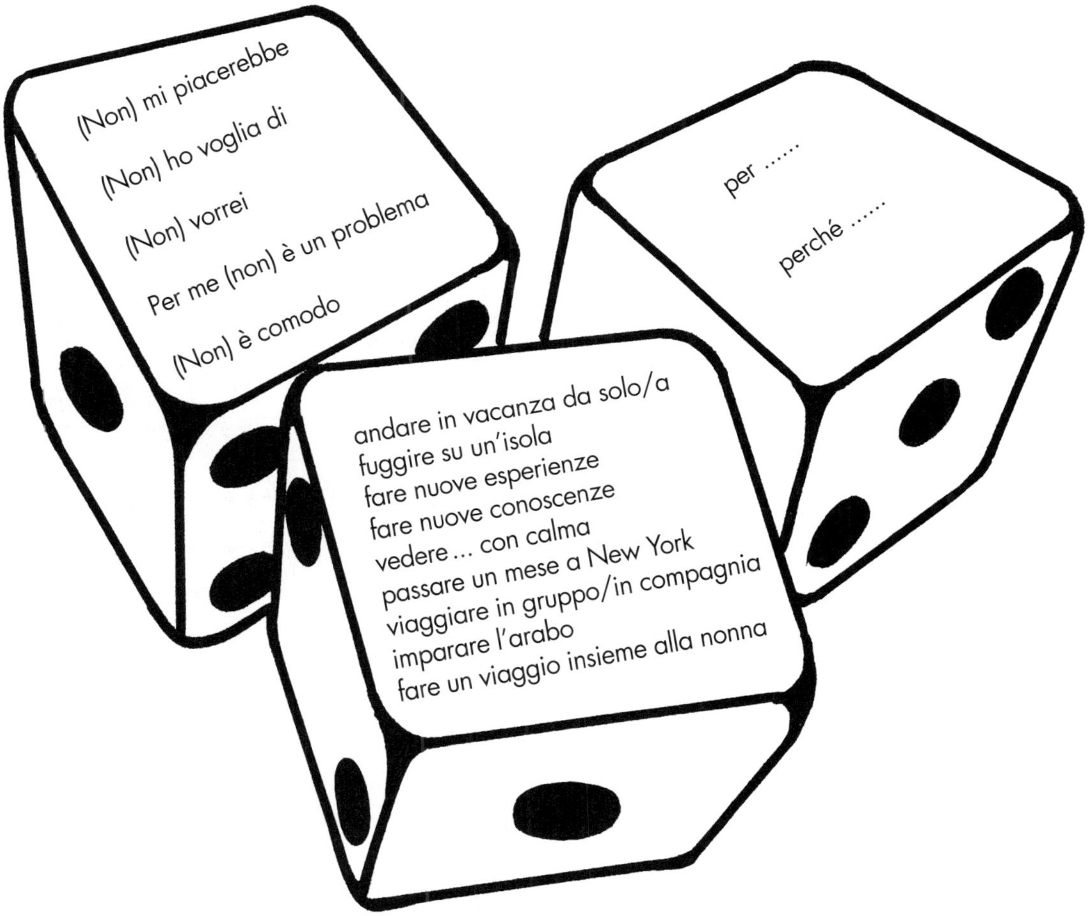

b) *Was würden Sie sonst gerne tun/nicht tun wollen? Schreiben Sie drei Sätze und lesen Sie sie anschließend im Plenum vor.*

____

____

____

ÜBUNG 2–5 nach ESERCIZIO 10

ÜBUNG 2

a) Vervollständigen Sie die Sätze mit den vorgegebenen Verben im "condizionale".

1. I Rossi (volere) ________________ passare le vacanze al mare ma non hanno soldi*.
2. (Io – dovere) ________________ cambiare la macchina ma non so quale prendere.
3. Mi (piacere) ________________ fare una vacanza in Africa.
4. Valeria (volere) ________________ imparare il francese.
5. Stasera (noi – volere) ________________ andare a mangiare fuori*.
6. Papà, (io – potere) ________________ prendere la tua macchina stasera?

b) Geben Sie zu jeder Aussage die passende Empfehlung.

a. (Dovere) ________________ provare la "paella" che fanno da José. È buonissima!
b. (Potere) ________________ venire con me in Kenia.
c. (Potere) ________________ andare in campeggio*.
d. (Potere) ________________ comprare* una Fiat Uno.
e. Va bene, però (dovere) ________________ controllare l'olio.
f. (Potere) ________________ passare le vacanze a Parigi dai miei amici.

PER RIDERE* UN PO'

ÜBUNG 3

Ergänzen Sie die beiden Telefongespräche.

1. TRA AMICI

~ Allora Silvia, andiamo in discoteca venerdì?

≈ ______________________________

____

Sie bedauern es, aber am Freitag haben Sie etwas vor.

~ Peccato*! E sabato hai tempo?

≈ ______________________________

Samstag ist Ihnen recht.

~ Allora vengo a prenderti sabato. Alle 9^{00} va bene?

≈ ______________________________

____

Sie sind einverstanden, Sie bedanken und verabschieden sich.

~ Ciao, a sabato!

2. PRONTO, DITTA LUX ...

~ Pronto, Ditta Lux, chi parla?

≈ ______________________________

Sie sagen Ihren Namen: Frau Bragato.

~ Buongiorno signora Bragato, mi dica*.

≈ ______________________________

Sie fragen, ob Herr Mauri da ist.

~ No, è a Roma per lavoro. Torna martedì.

≈ ______________________________

____

Sie finden es schade und fragen, ob Sie einen Termin für Mittwoch vereinbaren könnten.

~ Sì, certo. Alle 16^{00} va bene?

≈ ______________________________

Sie sind einverstanden. Sie bedanken und verabschieden sich.

~ ArrivederLa, signora Bragato!

ÜBUNG 4

a) *Lesen Sie folgende Sätze. Wie würden Sie sie übersetzen? Wenn Sie Hilfe brauchen, benutzen Sie ein Wörterbuch oder fragen Sie Ihre/n Kursleiter/in.*

1. Mi dispiace, è fuori città, ma ha lasciato un messaggio per Lei. ____________________
2. No, non importa grazie. ____________________
3. Allora richiamo venerdì. ____________________
4. Purtroppo no, ma è molto importante. ____________________
5. Scusi, ho sbagliato numero. ____________________
6. Allora mi passi la mamma per favore? ____________________

b) *Zu welchen Dialogteilen passen die Sätze?*
Zur Überprüfung hören Sie anschließend die Dialoge von der Cassette.

a. ~ Pronto, sono l'ingegner Fiorentino. Potrei parlare con il signor Gerli?

≈ ____

b. ~ Adesso il signor De Martini è occupato. Deve richiamare?

≈ ____

c. ~ Il papà non c'è.

≈ ____

d. ~ Marco torna a casa giovedì sera.

≈ ____

e. ~ Ha un appuntamento con l'ingegnere?

≈ ____

f. ~ No, qui è il 9148192.

≈ ____

ÜBUNG 5

a) *Hören sie von der Cassette, wie sich einige Personen über das Wetter äußern, und kreuzen Sie an, welche Wettersymbole zu welchem Dialog passen könnten.*

1.	☐	☐	☐
2.	☐	☐	☐
3.	☐	☐	☐
4.	☐	☐	☐
5.	☐	☐	☐

b) *Ordnen Sie die italienischen Ausdrücke den deutschen Entsprechungen zu.*

1. Con questo tempo?! → d.
2. Con questo caldo?!
3. Che ventaccio freddo!
4. Guarda che cielo*!
5. Che tempo schifoso!!

a. Schau dir diesen Himmel an!
b. Bei der Hitze?!
c. So ein Sauwetter!
d. Bei diesem Wetter?!
e. So ein scheußlicher kalter Wind!

ÜBUNG 6–8 nach ESERCIZIO 13

ÜBUNG 6

Wie wollen Monica und Raffaele ihren Urlaub verbringen? Ergänzen Sie im Text die fehlenden Artikeln bzw. Präpositionen. Versuchen Sie dann, das Urlaubsziel zu erraten.

Ormai* conosciamo bene molti paesi europei: _____ Spagna, _______ Germania, _____ Portogallo, ______ Olanda... Quest'anno vogliamo cambiare direzione. Andiamo _____ un paese del Vicino Oriente* che ha circa 45 milioni di abitanti*.

Lì vogliamo incontrare Mehmed, un nostro amico che lavora _____ Savona. Per arrivare presto potremmo prendere ______ aereo, ma questa volta vogliamo fare il viaggio _____ macchina e vedere anche altri paesi. Prima vogliamo andare alcuni giorni _____ Austria e _____ Ungheria, e poi vorremmo attraversare con calma _____ Romania e _____ Bulgaria prima di arrivare in ____________.

ÜBUNG 7

Um welche Feiertage handelt es sich hier? Versuchen Sie, es herauszufinden, und schreiben Sie dann auf, an welchem Datum diese Feste stattfinden.

1. ____________________ 5. ____________________

2. ____________________ 6. ____________________

3. ____________________ 7. ____________________

4. ____________________ 8. ____________________

ÜBUNG 8

Bilden Sie Kleingruppen, und beantworten Sie folgenden Brief mit Hilfe der in der Karte angegebenen italienischen Namen. Schlagen Sie dabei eine Route durch mehrere Bundesländer vor. Nehmen Sie, falls notwendig, ein Wörterbuch zu Hilfe.

Milano, 20/2/1994

Caro collega,

quest'anno ho tre settimane di ferie e vorrei venire in Germania.

Naturalmente so che non posso vedere tutto. Secondo Lei dove potrei andare e che cosa dovrei vedere? E qual è la stagione ideale per visitare la Germania?

La ringrazio in anticipo per la Sua attenzione.

Cordiali saluti
Roberto Bruzzone

ÜBUNG 9–11 nach ESERCIZIO 14

ÜBUNG 9

Übernehmen Sie bei folgendem Gespräch die Rolle des Hotelgastes.

~ Buonasera.

≈ ______________________________

____

Sie erwidern den Gruß und sagen, daß Sie ein Einzelzimmer für zwei Nächte brauchen.

~ Mi dispiace, ma per due notti non abbiamo camere singole... Sa, è alta stagione*.

≈ ______________________________

____

Sie möchten wissen, ob es noch ein Doppelzimmer gibt.

~ Sì, abbiamo ancora una doppia con doccia. Costa* 140.000 lire al giorno con la prima colazione.

≈ ______________________________

Sie erkundigen sich, ob das Zimmer ruhig ist.

~ Certo, molto tranquilla, dà sul* lago.

≈ ______________________________

Sie sind einverstanden und sagen, daß Sie es (la) nehmen.

~ Bene. Ha un documento, per favore?

≈ ______________________________

Sie geben den Paß.

~ Grazie. La camera è la numero 204, al secondo piano. Ecco la chiave.

≈ ______________________________

Sie fragen, wann Sie frühstücken können.

~ Dalle 7^{00} alle 10^{00}.

≈ ______________________________

Sie bedanken sich.

ÜBUNG 10

a) *Hier wird Ihnen gezeigt, wie eine schriftliche Zimmerreservierung aussehen könnte. Lesen Sie den Brief.*

All'Hotel Sirius
Strada dei Cappuccini, 24
Località S. Marco

06070 - Perugia

Trieste, 20 giugno 1994

Gentili signori,

desidero prenotare* una camera doppia e una a tre letti con bagno o con doccia, per cinque notti, dal 15 al 20 settembre. Le camere dovrebbero essere tranquille e dare sul parco.

Mi potreste mandare* una conferma*?

In attesa* della Vostra risposta Vi ringrazio* in anticipo*.

Cordiali saluti*

Marisa Gallo

b) *Im Frühjahr möchten Sie mit einigen Freunden oder Freundinnen nach Rom fahren. Sie haben schon den Prospekt des Hotels, in dem Sie gerne wohnen möchten, und wissen genau, was Sie brauchen, wie lang Sie bleiben werden usw. Schreiben Sie nun an das Hotel eine Reservierung für sich und Ihre Freunde und bitten Sie um eine Bestätigung.*

ÜBUNG 11

a) *Sehen Sie sich die Zeichnung und die Preisliste genau an, und versuchen Sie, die unten stehenden Fragen zu übersetzen und zu beantworten. Wenn Sie Hilfe brauchen, benutzen Sie ein Wörterbuch.*

LISTINO PREZZI – (IVA COMPRESA)

PREZZI GIORNALIERI	Bassa stagione	Alta stagione
	03/04 – 19/06 28/08 – 03/10	19/06 – 28/08
	Lire	Lire
Adulti	4.200	6.800
Bambini (3–12)	3.500	6.200
Auto	4.200	6.800
Moto	2.800	3.800
Roulotte	4.200	6.800
Tenda	min. 3.000 max. 4.200	min. 5.000 max. 6.800
Camper	8.400	13.600
Bungalow 4 pers. senza servizi	42.000	69.000
Bungalow 4 pers. con servizi	53.000	82.000

1. Gibt es noch Platz für ein Zelt/einen Wohnwagen?
2. Wieviel kostet der Platz pro Tag?
3. Wieviel kostet es pro Tag für zwei Erwachsene?
4. Was für Einrichtungen gibt es?
5. Können wir uns ein bißchen umsehen?
6. Ist es weit (lontano) zur Stadt?
7. Gibt es eine Bushaltestelle (fermata dell'autobus) in der Nähe?

b) *Improvisieren Sie eine Szene an der Rezeption des Campingplatzes.*

ÜBUNG 12–15 nach ESERCIZIO 20

ÜBUNG 12

Bilden Sie das Partizip Perfekt der folgenden Verben, und ordnen Sie die Formen dem Hilfsverb "essere" *oder* "avere" *zu.*

abitare	andare	aprire	arrivare	aspettare	avere	capire	chiudere	dire
dormire	essere	fare	leggere	mettere	nevicare	offrire	partire	preferire
prendere	rispondere	scrivere	succedere	tornare	usare	uscire	vedere	venire

È

Ha

ÜBUNG 13

Setzen Sie die Verben in die Vergangenheitsform und ordnen Sie die Sätze den Bildern zu. Zum letzten Bild "H" gibt es keinen Text. Erzählen Sie selbst das Ende der Geschichte.

1. Il signor Carli va in pizzeria e compra cinque pizze.
2. Il signore e la signora Carli preparano la tavola* in giardino.
3. Il signore e la signora Carli passano ore e ore in cucina.
4. Il signor Carli invita a pranzo i Paoli.
5. I Carli e gli ospiti* mangiano in giardino.
6. Alle 13^{00} arrivano i Paoli.
7. Vanno in giardino e trovano lo spiedo* senza pollo*.

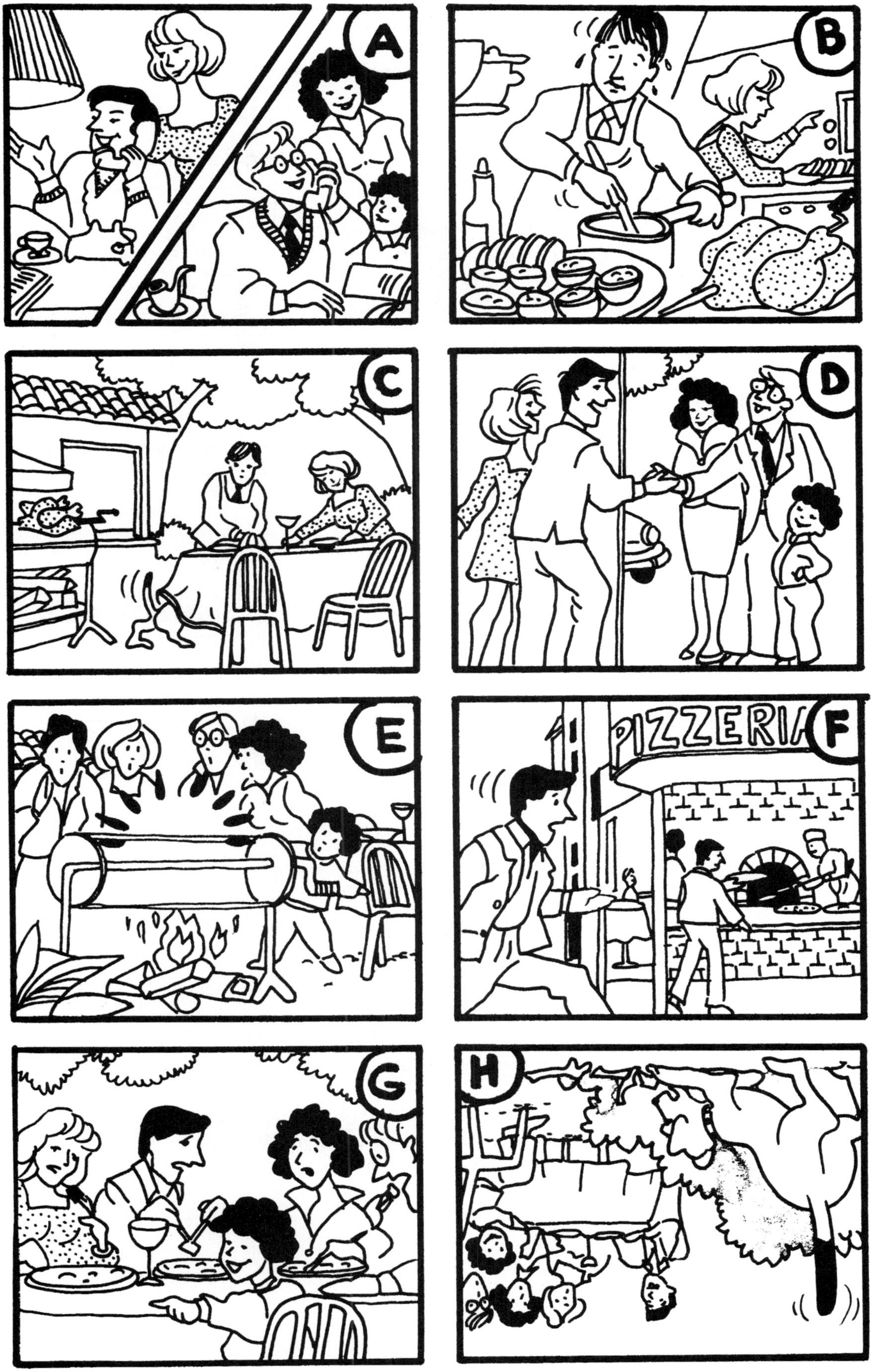
A
B
C
D
E
PIZZERI
F
G
H

ÜBUNG 14

a) *Hier sind einige Momente aus dem Leben von Giuseppe und Laura. Fragen Sie sich gegenseitig, was sie gemacht haben.*

~ Che cosa hanno fatto (Giuseppe e Laura) in gennaio?
≈ Sono andati in un'agenzia viaggi e hanno comprato un biglietto per l'India.

in autunno

prima di Natale

il mese scorso

l'estate scorsa

in gennaio

in primavera

b) *Und Sie? Was haben Sie gestern/letztes Jahr/im Herbst gemacht? Wo sind Sie gewesen? Stellen Sie sich gegenseitig einige Fragen.*

ÜBUNG 15

Sie sind in Perugia, wo Sie einen Italienischkurs besuchen. Was würden Sie in folgenden Situationen fragen?

1. *Sie sind am Bahnhof und warten auf den Zug nach Rom* (per Roma).
   – Fragen Sie, ob der Zug schon abgefahren ist.
2. *Von der Reise zurückgekehrt, finden Sie in Ihrem Zimmer einen wichtigen Brief.*
   – Sie möchten wissen, wann er angekommen ist.
3. *Sie erwarten einen Anruf von Marco und kommen eben in Ihr Zimmer zurück.*
   – Sie erkundigen sich bei Ihrer Nachbarin, ob er sich schon gemeldet hat.
4. *Ihre Freunde aus Rom sind gerade in Perugia angekommen und rufen Sie an.*
   – Sie möchten wissen, wann sie angekommen sind und ob sie mit dem Auto oder mit dem Zug angereist sind.
5. *In Ihrem Zimmer finden Sie ein totales Chaos.*
   – Erkundigen Sie sich, was geschehen ist.
6. *Jemand hat einen Brief geöffnet, der an Sie adressiert ist.*
   – Sie fragen nach, wer es getan hat.
7. *Der kleine Hund einer Ihrer Freundinnen ist weggelaufen.*
   – Sie erkundigen sich bei den Nachbarn, ob sie ihn gesehen haben.

ÜBUNG 16

Wann haben die anderen Kursteilnehmer/innen Geburtstag?
Bilden Sie zwei Gruppen. Gruppe A versucht, den Geburtstag eines Kursteilnehmers/einer Kursteilnehmerin aus Gruppe B herauszufinden.
Gelingt es ihr nicht innerhalb einer Minute, ist Gruppe B an der Reihe.
Es gewinnt die Gruppe, die zuerst die Geburtstage der gegnerischen Gruppenmitglieder herausgefunden hat oder innerhalb einer gewissen Zeitspanne die meisten Daten zusammentragen konnte.

Ein Tip: Tasten Sie sich von den Jahreszeiten über die Monate bis zu den Tagen vor.

Signor/Signora Lubrich, il Suo compleanno è in estate? È in luglio?
È all'inizio* o alla fine del mese?...

ÜBUNG 17

Wenn zwei gestritten haben, kann es – wie in folgender Geschichte – sehr wichtig sein, zwischen seinem, ihrem und dem gemeinsamen Besitz zu unterscheiden. Wann müssen also die Formen von "suo", wann hingegen muß "loro" eingefügt werden?

Lui e lei hanno litigato*. Lei è andata da una ________ amica con:

________ libri, ________ canarino,

________ piante, ________ dischi* di jazz,

________ vestiti, ________ lampada art déco

________ quadro preferito e ________ ricordi*.

Lui è andato in un piccolo appartamento del centro con:

________ computer, ________ poster preferiti,

________ macchina fotografica, ________ cane,

________ vestiti, e ________ rabbia*.

Ma che cosa ne hanno fatto della ________ casa, dei ________ mobili

della ________ macchina e del ________ amore?

ÜBUNG 18

Ergänzen Sie die Sätze mit der jeweils passenden Form der Possessiva.

mio

1. _______________ ragazza è irlandese.
2. Tu non puoi capire _______________ problemi.
3. Stasera esco con _______________ colleghe.
4. _______________ amici sono tutti in vacanza.
5. _______________ professore di tedesco è di Amburgo.

tuo

1. Qual è _______________ numero di telefono?
2. Com'è _______________ camera?
3. Ho ancora tutte _______________ lettere.
4. Sono simpatici _______________ colleghi?
5. Ho conosciuto _______________ amica brasiliana.

nostro

1. Ecco _____________ nuovo indirizzo.
2. Ieri siamo andati a teatro con _____________ amiche americane.
3. Domani arrivano _____________ clienti polacchi.
4. Non è ancora pronta* _____________ camera?

vostro

1. Dove sono _____________ valigie?
2. Ecco _____________ biglietti.
3. C'è ancora postc nella _____________ macchina?
4. _____________ aereo parte alle 13[45].

ÜBUNG 19

Folgende Sätze könnte man in irgendeinem Hotel aufschnappen. Ergänzen Sie sie mit den passenden Formen von "mio", "tuo" *und* "Suo".

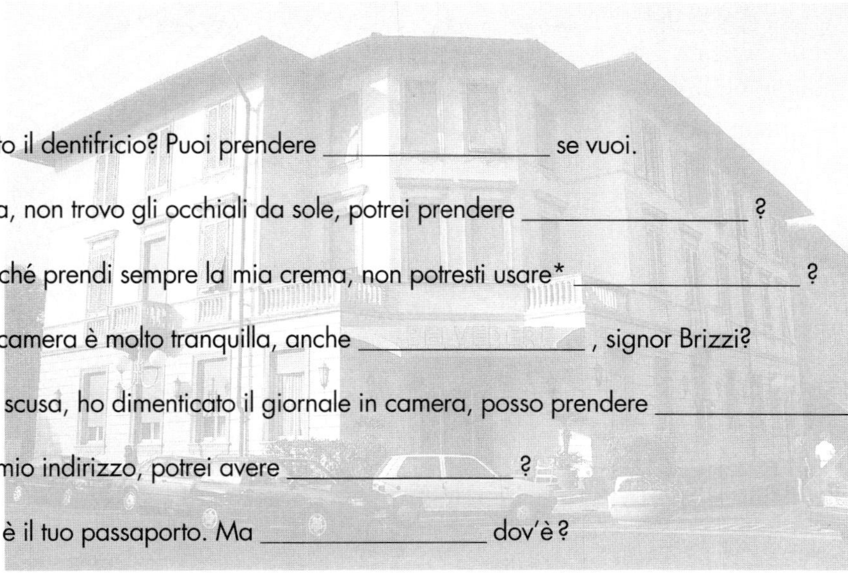

1. Hai finito il dentifricio? Puoi prendere ______________ se vuoi.
2. Mamma, non trovo gli occhiali da sole, potrei prendere ______________ ?
3. Ma perché prendi sempre la mia crema, non potresti usare* ______________ ?
4. La mia camera è molto tranquilla, anche ______________ , signor Brizzi?
5. Marco, scusa, ho dimenticato il giornale in camera, posso prendere ______________ ?
6. Ecco il mio indirizzo, potrei avere ______________ ?
7. Questo è il tuo passaporto. Ma ______________ dov'è?

ÜBUNG 20

a) *Wohin sollen die drei Paare aus Bologna im nächsten Urlaub fahren?*
Hören Sie sich die Dialoge zwei- bis dreimal an.
Notieren Sie sich bei jedem Dialog, was Sie verstanden haben, bzw. die Informationen und Aussagen, die Ihnen wichtig erscheinen oder besonders auffallen.

A: ____

____

____

B: ____

____

____

C: ____

____

____

b) *Bilden Sie jetzt Kleingruppen und lesen Sie die Texte auf S. 74. Besprechen Sie dann, welches Urlaubsziel für welches Paar in Frage kommen könnte, und begründen Sie Ihre Wahl.*

Benvenute vacanze. Nelle fresche acque del mare di Sicilia: questa è la reception del Grande Albergo Capotaormina!

Comodità a vostro piacere: palestra, sauna, massaggi, coiffeur, piscina d'acqua di mare, una splendida boutique, un ristorante panoramico dove gustare il pesce appena pescato. E a due passi Taormina con il suo teatro greco, l'Etna, Siracusa, la valle dei Templi. Chiedete alla vostra agenzia viaggi o telefonate al numero verde.

GRANDE ALBERGO
CAPOTAORMINA
98039 Taormina (ME)
Tel. 0942/24000
Tlx. 980147 CAPOTA
Fax 0942/625467

NUMEROVERDE
1678-23013

Riservato a pochi intimi

• A pochi km da Saturnia e dal parco dell'Uccellina, in un bellissimo podere ristrutturato, si affittano camere o appartamento tutto in stile antico.

• 10 posti
Cucina vegetariana o tradizionale.
Conserve e formaggi da colture biodinamiche.

Podere Vallepinciana di Nino Piccarolo
58050 Polveraria (GR) tel. 0564/580102-580138

Viaggi dell'Elefante

I viaggi dell' Elefante (tel. 06/6784541) ha «inventato» un viaggio in India per gruppetti familiari o di amici, massimo dieci passeggeri. Si viaggia, ma con calma, senza prendere troppi aerei, accompagnati da una guida che parla italiano. Costo del viaggio 4 milioni e 320 mila lire per un minimo di sei persone.

L'AVVENTURA CORRE SUI BINARI

Carrozze d'epoca, arredi preziosi, atmosfere raffinate: sono i treni che hanno fatto storia. Attraverso l'Europa, il Sud Africa, l'India ...

ORIENT EXPRESS

Da Venezia a Londra sul treno di Mata Hari

Chi non conosce il mitico Orient Express? Un vero e proprio "Grand Hotel" su rotaia. Lo stesso su cui Agatha Christie ha ambientato il celebre assassinio e Mata Hari ha fatto la spia.

PALACE ON WHEELS

Ritorno al passato: l'India dei maharajah

Oltre i confini europei, in India precisamente, viaggia il Palace on Wheels (palazzo su ruote), il leggendario "treno dei maharajah".

THE PRIDE OF AFRICA

Verso sud, nella terra dei diamanti

The Pride of Africa, l'Orgoglio d'Africa, è il nome del treno che viaggia nell'estremo lembo del Continente africano: quattro carrozze degli anni trenta, tirate da una locomotiva a vapore (dunque con soste periodiche per il rifornimento di acqua e carbone).

ÜBUNG 21

Beantworten Sie folgende Fragen.

1. Conoscete altri treni "storici"?

2. Quale di questi treni vorreste prendere? Perché?

3. Ci sono viaggi reali e irreali. Dove va il treno della vostra fantasia?

LEZIONE 7

ÜBUNG 1–5 nach ESERCIZIO 4

ÜBUNG 1

a) *Sie sind in diese Einzimmerwohnung gerade eingezogen. Machen Sie eine Liste der Gegenstände, die Sie sofort brauchen, und eine Liste der Gegenstände, die Sie erst später anschaffen möchten. Begründen Sie Ihre Wahl. Benutzen Sie die angegebenen Redemittel.*

accontentarsi – aver bisogno di – dover comprare – mancare – voler comprare

Ho bisogno di/Devo comprare un altro scaffale perché ho molti libri.
Mi accontento del materasso per terra perché voglio solo l'essenziale.

b) *Vergleichen Sie Ihre Ergebnisse.*

ÜBUNG 2

Denken Sie an die Menschen, die auf S.61 Ihres Lehrbuches abgebildet sind. In was für Räumen könnten sie sich wohl fühlen? Begründen Sie Ihre Meinung.

ÜBUNG 3

Suchen Sie zu jedem Satzanfang die passende Fortsetzung und konjugieren Sie die in Klammern angegebenen Verben.

1. Ti posso chiamare io alle 8[30]
2. Non ho la macchina,
3. I nostri vicini hanno un nome strano:
4. Se siete stanchi
5. Lucia non può venire
6. Il lunedì non lavoriamo,

a. (chiamarsi) Vattelapesca!
b. (dovere riposarsi) un po'.
c. perché non (sentirsi) bene.
d. se non (svegliarsi) da solo.
e. così (potere alzarsi) tardi.
f. (accontentarsi) della bicicletta.

____

____

____

____

____

____

ÜBUNG 4

Übersetzen Sie den Brief von Katrin an ihre italienische Freundin.

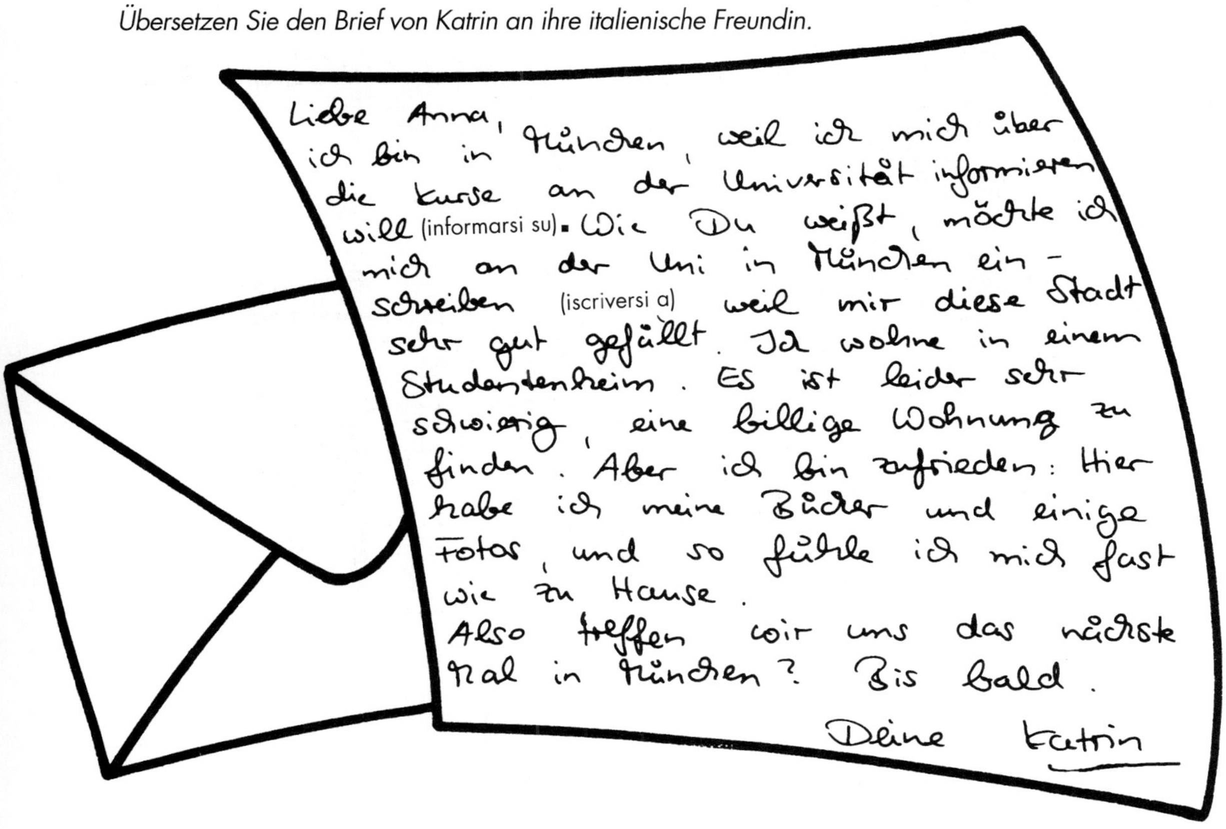

Liebe Anna,
ich bin in München, weil ich mich über die Kurse an der Universität informieren will (informarsi su). Wie Du weißt, möchte ich mich an der Uni in München einschreiben (iscriversi a) weil mir diese Stadt sehr gut gefällt. Ich wohne in einem Studentenheim. Es ist leider sehr schwierig, eine billige Wohnung zu finden. Aber ich bin zufrieden: Hier habe ich meine Bücher und einige Fotos, und so fühle ich mich fast wie zu Hause.
Also treffen wir uns das nächste Mal in München? Bis bald.

Deine Katrin

ÜBUNG 5

a) *Erzählen Sie die Geschichte mit Hilfe der folgenden Wörter und Ausdrücke.*

alzarsi – cambiarsi – fare colazione – fare una passeggiata – farsi la barba *sich rasieren*
guardare l'orologio *auf die Uhr schauen* – incontrarsi – lavarsi – prendere l'autobus – telefonare
truccarsi *sich schminken* – uscire di casa – vestirsi

b) *Wie könnte die Geschichte weitergehen?*

ÜBUNG 6

a) *Dieses Kaufhaus in Lugano hat einen mehrsprachigen Prospekt herausgebracht. Leider ist die deutsche Übersetzung durcheinander geraten. Ordnen Sie jeder italienischen Bezeichnung die deutsche Entsprechung zu.*

? cosa dove

6.	radio TV, HIFI, auditorium, sala video, foto, comunicazioni, centro computer e ufficio
5.	sport, valigie
4.	Libri, dischi, videocassette
3. oltre il ponte	Giornali, illuminazione, fai da te, servizio orologi, parrucchiere, centro fotocopie, servizio clienti, servizio dopovendita, telefoni, toilettes, ristorante con terrazza RISTORANTE INOVA con terrazza
3.	abbigliamento bambini, giocattoli, bigiotteria, ristorante INOVA LUX
2.	abbigliamento donna, biancheria intima
1.	abbigliamento uomo, calzature uomo-donna, Mister Minit
pt.	profumeria, gioielleria, pelletteria, accessori, (Christ, Bijoux Flirt), Minit 1 Foto, orologi
sub*	supermercato alimentari, pizzeria, Bar, cartoleria, casalinghi, prodotti pulizia

✿ INNOVAZIONE
Lugano Centro

? was ist wo

a	Radio TV, HIFI, Video-Demoraum, Tonstudio, Foto, Informatik, Kommunikation, Bürozentrum
b	Bücher, CD, Videokassetten
c	Herrenkonfektion, Damen-Herren- und Kinderschuhe, Mister Minit
d	Sport, Koffer
e	Damenkonfektion, Damenunterwäsche
f nach der Brücke	Kiosk, Lampen, Do-it-yourself, Uhrenservice, Coiffeur, Fotokopiercenter, Kundendienst, Reparaturservice, Telefon, Toilette, Restaurant INOVA mit Terrasse
	Kinderbekleidung, Spielwaren, Modeschmuck, Restaurant INOVA LUX
g	Lebensmittel-Supermarkt, Pizzeria, Bar, Papeterie, Haushaltartikel, Reinigungsmittel
h	Parfümerie, Uhren und Schmuck, Lederwaren, Zubehör, Minit 1 Foto

✿ INNOVAZIONE
Lugano Centro

b) *Was finden Sie in der Damen- bzw. in der Herrenabteilung? Machen Sie eine Liste. Sie können auch ein Wörterbuch zu Hilfe nehmen.*

Reparto donna	Reparto uomo
______________________	______________________
______________________	______________________
______________________	______________________
______________________	______________________

ÜBUNG 7

Setzen Sie die folgenden Präsensformen in die entsprechenden Formen des "condizionale" und tragen Sie sie in das Kreuzworträtsel ein. Bei richtiger Lösung ergeben die Buchstaben in den grauen Kästchen eine Form des Konditionals von "venire".

Orizzontali

2. Esci
5. Possono
6. Andiamo
9. Preferisci
11. Prendete
12. Va

Verticali

1. Dimentico
3. Devono
4. Vogliamo
7. Dite
8. Faccio
10. È

Soluzione: ____________

ÜBUNG 8

a) *Vervollständigen Sie die Karte an Laura mit den in Klammern angegebenen Verben im "condizionale".*

(andare/tornare)
(preferire)
(passare)
(voi – venire)
(noi – potere)
(Essere)
(tu – dovere)

TORINO
Piazza Castello
Place château
Castle square
Schloss Platz

Cara Laura,
l'estate è vicina e io penso alle vacanze. Anche se Carlo, tu lo conosci, ________ come sempre in montagna, i bambini quest'anno ________ il mare e anch'io ________ volentieri qualche settimana a Rimini. ________ con noi? ________ prendere una villetta tutti insieme. ________ bello, vero? Aspetto la tua risposta: scusa, ma ________ decidere al più presto perché ... siamo già in maggio!
Ciao! Silvia

Sig.ra Laura Gelormino
via Mordini 14
00195 ROMA

b) *Beantworten Sie die Karte von Silvia, und benutzen Sie, dort wo es möglich ist, das "condizionale".*

ÜBUNG 9

Bilden Sie Kleingruppen. Überlegen Sie sich, was Sie in diesen Situationen machen würden, und berichten Sie den anderen.

1. *Sie finden sehr viel Geld auf Ihrem Dachboden.*

2. *Sie sind allein zu Hause. In der Nacht hören Sie seltsame Geräusche.*

3. *Sie sind in Urlaub am Meer und das Wetter ist seit Tagen schlecht.*

4. *Im Zug nach Italien machen Sie eine sehr nette Bekanntschaft.*

ÜBUNG 10–12 nach ESERCIZIO 11

ÜBUNG 10

Ergänzen Sie mit "gli, le" *oder* "Le."

1. ~ Hai scritto a Luigi?
   ≈ No _________ scrivo domani.
2. ~ Signor Gambini, _________ potrei chiedere un favore*?
   ≈ Ma certo, dica pure*.
3. ~ Sai se ad Angela piace la musica classica?
   ≈ Certo, _________ piace molto!
4. ~ Hai detto ai Valli che non possiamo andare alla loro festa?
   ≈ Certo _______ ho telefonato stamattina; _______ dispiace molto, naturalmente.
5. ~ Signora, _________ telefono domani verso le otto, _______ va bene?
   ≈ Sì, benissimo!
6. ~ Dovresti rispondere a Maria e a Carla.
   ≈ _________ ho già risposto ieri.

ÜBUNG 11

Ergänzen Sie den Dialog mit folgenden Pronomen und Präpositionen.

mi - gli - le - al - alla - ai

~ Senti, domenica prossima siamo invitati dai Melato; che cosa ________ portiamo?

≈ Beh, potremmo regalare qualcosa ________ bambini, che ne dici?

~ Sì, l'idea _______ sembra buona, non so però che cosa __________ potrebbe piacere.

≈ Mah, ________ bambina piacciono le Barbie, _________ potremmo regalare un vestitino.
________ bambino invece potremmo regalare una macchinina*, so che _______ piacciono molto.

~ Uffa, sempre giocattoli*! Perché non ________ regaliamo un libro, invece?

≈ Ottima idea! La signora Melato, infatti, ______ ha detto che ______ bambini piace molto leggere.
Secondo me però dovremmo anche portare dei fiori*.

~ D'accordo.

ÜBUNG 12

Folgendes Gespräch spielt sich in einem Schuhgeschäft ab. Übernehmen Sie die Rolle des Kunden.
Sie suchen ein Paar Winterschuhe, die nicht zu sportlich sein sollen.

~ ______________________________

____

≈ D'accordo. Che numero porta ... il 37... il 38?

Sie tragen Größe 38.

~ ______________________________

≈ Ecco qua, queste Le piacciono?

Die gefallen Ihnen. Sie möchten sie anprobieren.

~ ______________________________

≈ Come vanno?

Sie sind leider etwas zu weit.
Sie möchten Größe 37 anprobieren.

~ ______________________________

____

≈ Mi dispiace, ma il 37 non c'è. Guardi però queste scarpe ... sono ideali per la pioggia ... Come Le sembrano?

Sie sind sehr bequem.
Sie fragen nach dem Preis.

~ ______________________________

____

≈ 120.000 lire ... È un buon prezzo per queste scarpe!

Sie sind einverstanden.

~ ______________________________

ÜBUNG 13–16 nach ESERCIZIO 15

ÜBUNG 13

Stellen Sie Ihrem Nachbarn/Ihrer Nachbarin folgende Fragen.

Di che colore è/sono ...
- la Sua macchina
- la Sua bicicletta
- le poltrone del soggiorno
- i mobili della cucina
- le tende della camera da letto
- la moquette*
- ...

ÜBUNG 14

a) *Lesen Sie das Gedicht.*

Sole

Vorrei girar la Spagna
sotto un ombrello rosso.
Vorrei girar l'Italia
sotto un ombrello verde.
Con una barchettina,
sotto un ombrello azzurro,
vorrei passare il mare:
giungere al Partenone
sotto un ombrello rosa
cadente di viole.

Da: *Poesie*, di Aldo Palazzeschi,

b) *Welche Farbe haben die Schirme? Wenn Sie Lust haben, können Sie sie anmalen.*

ÜBUNG 15

a) *Welche italienischen Redewendungen entsprechen den deutschen?*

1. Essere al verde.
2. Passare la notte in bianco.
3. Essere la pecora nera.
4. Vedere tutto rosa.

a. Das schwarze Schaf sein.
b. Alles durch eine rosa Brille sehen.
c. Eine schlaflose Nacht verbringen.
d. Abgebrannt sein.

b) *Versuchen Sie, Sätze mit den angegebenen Redewendungen zu bilden.*

ÜBUNG 16

a) *Sie sind ein/e extravagante/r Modeschöpfer/in und bestimmen die Mode dieses Jahres. Beschreiben Sie (und skizzieren Sie, wenn Sie Lust dazu haben) einige Kleidungsstücke. Hier als Anregung einige Wörter, die Sie verwenden können.*

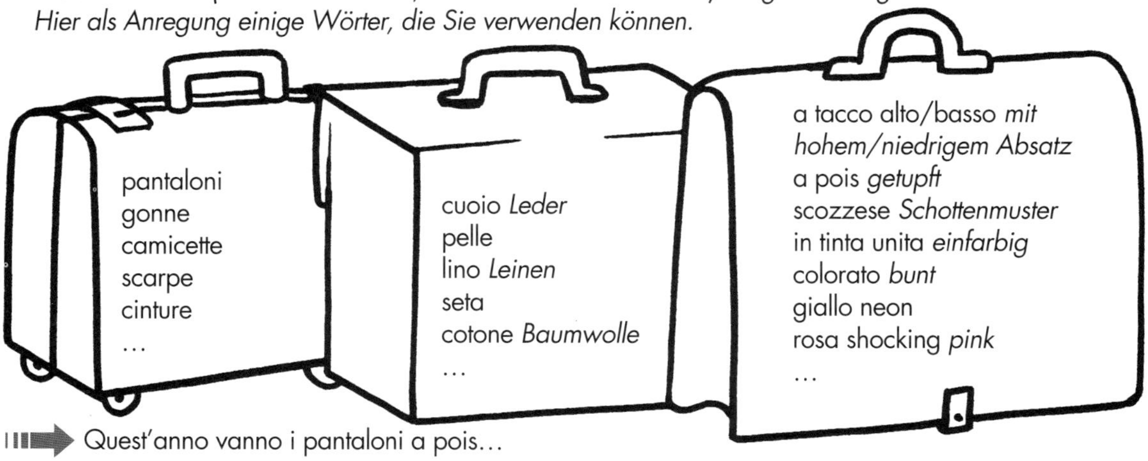

Quest'anno vanno i pantaloni a pois...

b) *In der Klasse werden nun die verschiedenen Modevorschläge vorgelesen und besprochen.*

ÜBUNG 17–18 nach ESERCIZIO 18

ÜBUNG 17

Wo müssen die Dialoge mit "questo", *wo mit* "quello" *ergänzt werden?*

~ Senti, come mi sta questo cappello?

≈ Mah, non so, io preferisco ______________ lì.

~ Quale, ___________ rosso?

≈ No, ____________ blu.

~ Questa lampada non mi piace, è troppo moderna.

≈ E __________ là in fondo?

~ Quale, __________ a sinistra?

≈ No, __________ altra.

~ Sì, ________ non è male.

~ A una ragazza di vent'anni tu quale orologio regaleresti?

___________ qui o ___________ lì più classico?

≈ Beh, io le regalerei ___________ moderno, ma se deve essere un regalo importante, allora ___________ classico.

ÜBUNG 18

Sie wollen etwas kaufen und erkundigen sich nach dem Preis. Improvisieren Sie kleine Dialoge, und versuchen Sie dabei, die folgenden Elemente zu verwenden. Wenn Sie ein Wort nicht kennen, benutzen Sie ein Wörterbuch oder fragen Sie Ihre/n Kursleiter/in.

questo

quello

qui/lì

in alto/in basso *oben/unten*

a destra/a sinistra

~ Quanto costano gli occhiali?
≈ Quali, questi qui neri?
~ No, quelli lì in alto a destra.

ÜBUNG 19–24 nach ESERCIZIO 22

ÜBUNG 19

Ergänzen Sie mit "La, la, lo, li" *oder* "le".

1. ~ Hai fatto i compiti?
   ≈ Non ancora, _________ faccio stasera.

2. ~ Com'è la tua nuova collega?
   ≈ Non so, direi simpatica, ma non _________ conosco ancora bene.

3. ~ Mamma, quando facciamo il tiramisù?
   ≈ _________ possiamo fare insieme domani, se vuoi.

4. ~ Perché non inviti anche Maria ed Elvira?
   ≈ Perché _________ trovo antipatiche.

5. ~ Signora, se vuole _________ vengo a prendere in macchina.
   ≈ Grazie, che gentile!

6. ~ Scusa Leo, mi daresti un attimo il giornale?
   ≈ Certo, io adesso non _________ posso leggere, devo lavorare.

7. ~ Signor Pizzorno, _________ ringrazio tanto per l'invito, ma purtroppo non posso venire.
   ≈ Peccato, mi dispiace proprio!

ÜBUNG 20

Wo braucht man die Präposition "a" *nach dem Verb und wo nicht? Ergänzen Sie.*

Domani devo scrivere _______ signor Morrone, ringraziare ______ signora Valli, telefonare _______ medico, accompagnare dei clienti _______ aeroporto, incontrare ________ dottoressa Ferrante, rispondere _________ lettera dell'ingegner Sani, comunicare il nuovo indirizzo _________ banca, aiutare ______ nuovo collega ad organizzare la riunione*, chiedere _______ vicino se può dar da mangiare _______ canarino, andare ______ cambiare i soldi, dire ________ Tullio che non posso andare ______ partita, lavare ______ jeans.

ÜBUNG 21

Was würden Sie in den geschilderten Situationen tun? Sie finden hier zur Anregung einige Möglichkeiten. Benutzen Sie dabei die erforderlichen Pronomen.

~ La inviterei a prendere qualcosa al bar.
≈ Io invece le chiederei l'indirizzo.

1. Ha conosciuto una persona simpatica e la vuole rivedere*.
2. Un collega La invita a casa sua.
3. All'aeroporto vede Richard Gere.
4. Lei è in vacanza e si ricorda* che è il compleanno di un caro amico.
5. Dopo tanti anni rivede il Suo primo grande amore.
6. Alla stazione incontra la vicina con due grandi valigie.
7. Il Suo cantante preferito viene a trovarla.
8. Un collega è all'ospedale.

- aiutare
- salutare
- telefonare
- andare a trovare
- invitare a prendere qualcosa
- offrire un caffè
- chiedere l'indirizzo
- chiedere l'autografo*
- comprare un regalo
- ringraziare
- scrivere
- mandare dei fiori

ÜBUNG 22

Welche Pronomen müssen Sie verwenden, wenn Sie die abgebildeten Personen ansprechen?

1. *Sie fragen, ob Sie ihnen helfen können.*
2. *Sie fragen, ob Sie sie begleiten dürfen.*
3. *Sie möchten wissen, ob sie Rockmusik mögen.*
4. *Sie möchten sich für den schönen Abend bedanken.*
5. *Sie fragen, ob Sie ihnen etwas anbieten können.*

1. ________ ________ ________ ________________
2. ________ ________ ________ ________________
3. ________ ________ ________ ________________
4. ________ ________ ________ ________________
5. ________ ________ ________ ________________

ÜBUNG 23

Würden Sie die abgebildeten Gegenstände und Kleidungsstücke kaufen?
Arbeiten sie zu zweit und begründen Sie jeweils Ihre Antwort. Hier einige Wörter und Ausdrücke, die Ihnen dabei helfen können.

banale – bello – brutto – caro – comodo – eccentrico *exzentrisch* – essere di moda orribile *scheußlich* – pratico – scomodo *unbequem* – semplice – stupendo *wunderschön*

~ Ti piacciono questi jeans?
≈ Per carità,/Certo, li trovo …
mi sembrano …
secondo me …

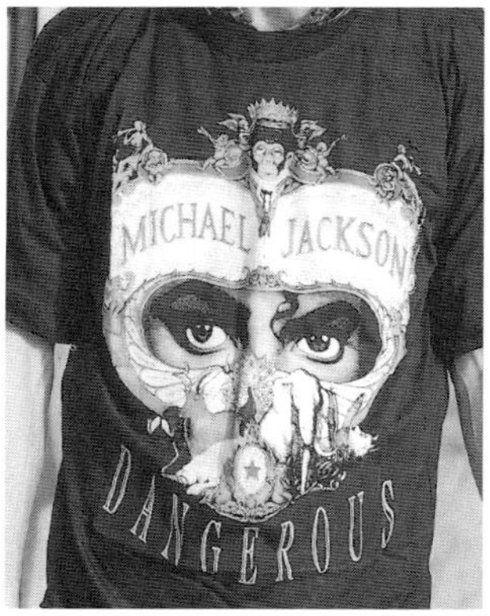

ÜBUNG 24

Von der Cassette hören Sie drei Dialogausschnitte. Sie finden in drei der abgebildeten Geschäfte statt. Geben Sie die Nummer des Geschäftes an, in dem das jeweilige Gespräch stattfindet, und versuchen Sie herauszufinden, was gekauft wird.

①

②

③

④

⑤

⑥

A: ____________________

B: ____________________

C: ____________________

PER RIDERE UN PO'

LEZIONE 8

ANCHE QUESTA È L'ITALIA

Orso bruno: nel Parco Nazionale d'Abruzzo ne vivono circa 100 esemplari.

Stromboli: vulcano in continua attività (arcipelago delle Eolie, Sicilia).

Lupo: i circa 200 esemplari che ancora esistono in Italia si trovano in Abruzzo, nelle Marche e in Sicilia.

Pioppeto: tipico della valle padana (Italia settentrionale).

Fiume Magra (Liguria): letto in secca durante l'estate.

Cave di marmo nelle Alpi Apuane (Toscana).

Vacche chianine: razza bianca, molto pregiata, della Val di Chiana (Toscana).

Sila (Calabria): complesso montuoso che raggiunge l'altezza di 1929 metri.

LEZIONE 9

ÜBUNG 1–3 nach ESERCIZIO 4

ÜBUNG 1

Meine Familie ist sehr groß. Hier sehen Sie einige ihrer Mitglieder abgebildet. Federico und Antonietta sind meine Eltern. Margherita ist die Mutter meines Mannes Berni. Die schüchterne Monica ist die Tochter meines Bruders Mimmo und seiner Frau Ilde. Enza ist meine Tante, Annabella und Giancarlo sind ihre Kinder. Pino, mein älterer Bruder, hat Anna geheiratet.

a) *Können Sie in diese Verwandtschaft etwas Ordnung bringen und den Stammbaum zeichnen? Die folgenden Verwandtschaftsbezeichnungen werden Ihnen dabei behilflich sein.*

cognata *Schwägerin* – cugina *Cousine* – fratello – genero *Schwiegersohn* – genitori – moglie
nipote – nuora *Schwiegertochter* – sorella – suocera *Schwiegermutter* – zia

b) *Versuchen Sie jetzt, anhand von dem, was Sie schon wissen, die Verwandtschaftsbeziehung zwischen folgenden Familienmitgliedern festzustellen.*

Ilde → Berni: ______________________________

Margherita → io: ______________________________

io → Annabella e Giancarlo: ______________________________

Mimmo e Ilde → Monica: ______________________________

Monica → io: ______________________________

Pino → Annabella: ______________________________

io → Margherita: ______________________________

Berni → Federico e Antonietta: ______________________________

Monica → Federico e Antonietta: ______________________________

Mimmo → Enza: ______________________________

Mimmo e Pino → io: ______________________________

➡ Ilde è la cognata di Berni./Ilde è sua cognata.

c) *Auf dem Bild sehen Sie auch eine junge Dame mit Blumen im Haar. Wer könnte sie sein?*

ÜBUNG 2

Sie hören einige Aussagen, die den Text "Il battesimo di Carlo" *betreffen, aber nicht alle entsprechen der Wahrheit. Kreuzen Sie an, ob die Aussagen richtig oder falsch sind.*

	1	2	3	4	5	6	7	8
Vero	☐	☐	☐	☐	☐	☐	☐	☐
Falso	☐	☐	☐	☐	☐	☐	☐	☐

ÜBUNG 3

Schlagen Sie das Lehrbuch auf S. 76 auf. Stellen Sie sich vor, das Foto "Il battesimo di Carlo" *würde von der* "signora con gli occhi celesti" *beschrieben. Was müßte man dann ändern? Lesen Sie noch einmal den Text, machen Sie sich Notizen und vergleichen Sie Ihre Ergebnisse.*

ÜBUNG 4 nach ESERCIZIO 7

ÜBUNG 4

Man kann den Charakter eines Menschen mit verschiedenen Adjektiven beschreiben. Hier sind einige Beispiele. Schreiben Sie die entsprechenden italienischen Bezeichnungen in das Scrabble ein. Wenn Sie dann die Buchstaben in den grau unterlegten Feldern ordnen, lesen Sie ein Adjektiv, das zu "Traummann" und "Traumfrau" paßt.

Orizzontali

1. sympathisch
2. aufdringlich
3. schüchtern
4. ruhig, still
5. verschlossen
6. arrogant
7. hübsch, nett

Verticali

1. sensibel
2. unsympathisch
3. höflich, freundlich
4. seltsam, merkwürdig
5. aufgeschlossen
6. lustig, ausgelassen
7. energisch

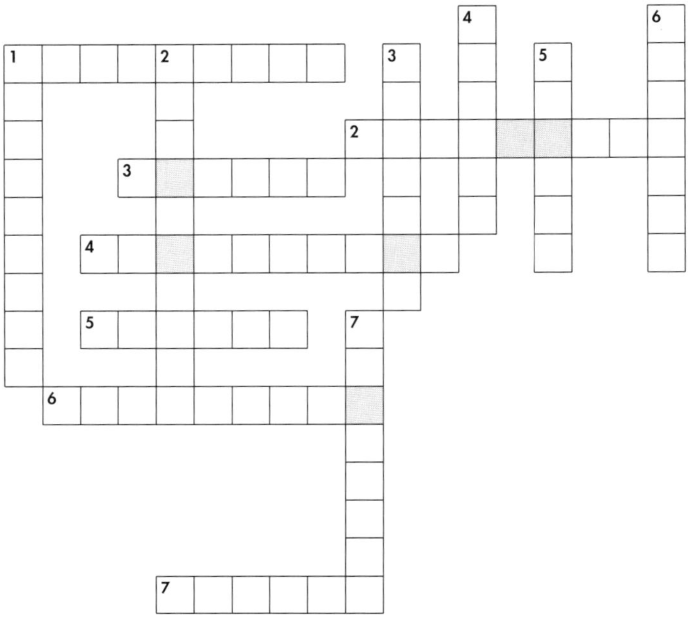

Soluzione:

ÜBUNG 5–9 nach ESERCIZIO 9

ÜBUNG 5

Sie hören verschiedene Leute sprechen, die Ihnen aus Ihrem Lehrbuch schon bekannt sind. Hören Sie die Cassette zweimal. Beim ersten Mal notieren Sie sich zu jedem Bild die entsprechende Satznummer, beim zweiten Mal schreiben Sie in der indirekten Rede, was diese Leute sagen.

ÜBUNG 6

Die letzte Sprechblase im Streifen ist leer. Wie könnte die Antwort der Dame lauten? Schreiben Sie sie auf, vergleichen Sie untereinander die Lösungen, und suchen Sie diejenigen aus, die Ihnen am besten gefallen.

ÜBUNG 7

Suchen Sie zu jeder Frage die passende Antwort.

1. Dove si sono conosciute Maria e Carla?
2. Dove si sono conosciuti Mario e Carla?
3. Ti sei divertita alla festa?
4. Ti sei divertito alla festa?
5. Paolo, che cosa hai fatto domenica?
6. Che cosa hai fatto domenica?
7. Quando vi siete trasferiti in Svezia?
8. Quando si è trasferita in Svezia?

a. Sì, mi sono divertito molto.
b. No, non molto.
c. A scuola, perché si sono iscritte allo stesso corso.
d. L'anno scorso.
e. Mi sono solo riposata.
f. L'anno scorso e mi sono trovata subito bene.
g. A Venezia.
h. Oh, ho dormito tutto il giorno.

ÜBUNG 8

Konjugieren Sie im "passato prossimo" *die in Klammern angegebenen Verben und ergänzen Sie damit die Sätze.*

1. Quando (voi – conoscersi) ______________________ ?
2. A che ora (tu – alzarsi) ______________________ domenica?
3. Quando (sposarsi) ______________________ Roberta?
4. Dove (incontrarsi) ______________________ Andrea e Maria?
5. Perché (loro – arrabbiarsi) ______________________ tanto?
6. (Noi – trasferirsi) ______________________ qui perché amiamo il mare.
7. È stata una bella festa, (noi – divertirsi) ______________________ molto.

ÜBUNG 9

Schlagen Sie Ihr Buch auf S. 78 auf. Erzählen Sie die Geschichte wieder, aber diesmal im "passato prossimo". *Sagen Sie auch, was Ihrer Meinung nach Giulia und Marco in den folgenden Jahren gemacht haben.*

– si sono rivisti?
– si sono sposati?
– si sono separati*?
– ...

ÜBUNG 10–11 nach ESERCIZIO 10

ÜBUNG 10

a) *Ergänzen Sie die leeren Felder.*

SOSTANTIVO	AGGETTIVO	VERBO
		annoiarsi
		scocciarsi
allegria		
	simpatico	
divertimento		
		arrabbiarsi
		amare
necessità		
	stressante	
piacere	piacevole	

b) *Mit welchem der Substantive oder Adjektive auf S. 96 würden Sie diese Sätze jeweils beenden? Sagen Sie es den anderen.*

Per me,
- mangiare da solo al ristorante è ...
- lavorare il fine settimana è ...
- andare in vacanza con la famiglia è ...
- fare da mangiare è ...
- uscire in compagnia è ...
- alzarmi presto la mattina è ...
- viaggiare in macchina è ...
- fare i compiti è ...

ÜBUNG 11

Ergänzen Sie die Sprechblasendialoge mit den folgenden Sätzen.

1. Ora devo veramente andare.
2. Lo sai che Paola e Andrea si sono lasciati?
3. In settembre mi sono sposato!
4. Ma che rumore fanno stasera i vicini!?
5. È già mezzanotte?!
6. Devi ancora telefonare a Gianna!

ÜBUNG 12–13 nach ESERCIZIO 16

ÜBUNG 12

Ergänzen Sie die Dialoge mit den folgenden Pronomen.

a loro – a me – a me – a se – a te – loro

1. ~ Pronto, posso parlare all'ing. Carletti?
   ≈ Mi dispiace, non c'è, vuole dire ______________ ?
2. ~ Devo telefonare io ai Mascini?
   ≈ Sì, certo, devi telefonare ___________ e anche ai Bertone.
3. ~ Devo invitare anche i Vietina?
   ≈ Sì, certo, devi invitare ___________ e anche i Bragato.
4. ~ Sai, Carlo, stasera papà mi dà la sua macchina!
   ≈ Ah, sì!? E perché ________ sì e _______ no?
5. ~ Mi dispiace, ma ho dimenticato il tuo giornale!
   ≈ Come sempre! Qui ognuno pensa solo ______ stesso*!

ÜBUNG 13

Suchen Sie die passenden Antworten und übersetzen Sie sie.

1. Rispondi tu al telefono?	☐	*Warum fragst Du mich und nicht sie?*
2. Per chi è l'invito?	☐	*Ja, ich gehe jeden Sonntag zu ihnen.*
3. Vai dai tuoi genitori domenica?	☐	*Für Sie habe ich immer Zeit!*
4. Ha un po' di tempo per me?	☐	*Aber nein, ich komme mit Dir!*
5. Mamma, cosa posso regalare a Silvia?	☐	*Nein, es ist sicher für Dich!*
6. Vieni con me o rimani da lei?	☐	*Wirklich? Er ist doch nach uns weggefahren!*
7. Hai invitato anche Piero e Rita?	☐	*Für Sie.*
8. Roberto è già qui!	☐	*Ich habe nur ihn eingeladen.*

ÜBUNG 14-18 nach ESERCIZIO 20

ÜBUNG 14

Bilden Sie zwei Gruppen. Gruppe A liest eines ihrer Verben vor, Gruppe B bildet das Partizip. War die Antwort richtig, ist Gruppe B an der Reihe.

Gruppo A

chiedere conoscere essere
dormire venire andare
scomparire uscire finire
leggere dovere nascere
vedere

Gruppo B

dire sapere rimanere
dare mettere succedere
offrire decidere lavorare
partire fare avere
perdere

ÜBUNG 15

Geben Sie zu jeder Form des "imperfetto" *die jeweils nachfolgende Person an.*

andavo andavi, eri __________, faceva __________, bevevamo __________,

dicevate __________, avevo __________, sapeva __________, cercavamo __________,

uscivate __________, prendevi __________, stavo __________, finiva __________,

sentivamo __________, leggevate __________, veniva __________

ÜBUNG 16

Setzen Sie die in Klammern angegebenen Verben in die jeweils passende Zeit: "passato prossimo" *oder* "imperfetto".

1. Io (avere) __________ 4 anni quando (nascere) __________ mia sorella.
2. Il treno (essere) __________ pieno zeppo* e così (io - fare) __________ il viaggio Stoccarda-Francoforte in piedi.
3. Abitare in città non ci (piacere) __________ più e allora (trasferirsi) __________ in campagna.
4. Quando i nonni (sposarsi) __________ non (avere) __________ nemmeno i soldi per fare il viaggio di nozze.
5. (io – imparare) __________ un po' d'inglese due anni fa a Dublino; prima (dire) __________ solo "thank you", "yes" e "no".
6. Mia madre (andare) __________ ancora a scuola quando (conoscere) __________ mio padre.
7. (io – fare) __________ il mio primo viaggio in Sardegna venti anni fa; allora (esserci) __________ ancora pochi turisti.
8. I miei suoceri (abitare) __________ ancora in Italia quando (scoppiare) __________ la guerra.

ÜBUNG 17

Erzählen Sie, was Giacomo in folgenden Fällen getan hat, und erklären Sie, warum.
Suchen Sie dabei unter folgenden Möglichkeiten die jeweils passende Erklärung aus.

avere alcuni giorni di vacanza – avere fame – essere il suo compleanno – essere stanco
fare bel tempo – piovere – sentirsi solo

Giacomo è andato in pizzeria perché aveva fame.
Siccome *(Da)* aveva fame, Giacomo è andato in pizzeria.
Giacomo aveva fame ed è andato in pizzeria.

① 

 ②

③ 

 ④

⑤ 

 ⑥

⑦ 

ÜBUNG 18

Setzen Sie die Verben in die jeweils passende Zeit: "imperfetto" *oder* "passato prossimo".

1. Questo è Pozzi, il professore di latino. (essere) __________ un tipo molto severo, noi (avere) __________ tutti un po'paura di lui. Un giorno sua moglie (andare) __________ a vivere con un altro. Da allora Pozzi (cambiare) __________ completamente vita ed (diventare) __________ un tipo aperto e simpatico.

2. Dopo la maturità Eva non (sapere) __________ che cosa fare. Quando poi sua madre (stare) __________ all'ospedale alcune settimane, Eva (decidere) __________ di diventare medico e (iscriversi) __________ a medicina.

3. Mauro a scuola non (essere) __________ molto bravo, non (studiare) __________ volentieri. In francese (essere) __________ addirittura* una catastrofe, la lingua non gli (piacere) __________. Un giorno (sentire) __________ una canzone di Brassens, un cantautore francese, ed (andare) __________ a comperare tutti i suoi dischi. Pochi mesi dopo in francese (diventare) __________ bravissimo.

ÜBUNG 19–25 nach ESERCIZIO 25

ÜBUNG 19

Bilden Sie mit folgenden Elementen acht Sätze.

ÜBUNG 20

Was ist wann in Ihrem Leben geschehen? Lassen Sie es Ihren Nachbarn/Ihre Nachbarin erraten: Schreiben Sie fünf Jahreszahlen auf ein Blatt, und fügen Sie zu jeder ein Stichwort und/oder eine erklärende Zeichnung hinzu. Der Nachbar/die Nachbarin soll nun sagen, was seiner/ihrer Meinung nach in den entsprechenden Jahren geschehen ist. Verraten Sie jedoch die richtige Lösung nicht gleich nach dem ersten mißglückten Versuch. Beim Erraten könnten folgende Stichworte nützlich sein:

> cominciare a lavorare – conoscere *kennenlernen* – divorziare – fare il servizio militare/civile *den Wehrdienst/Zivildienst machen* – finire la scuola/gli studi *Schule/Studium abschließen* – morire – nascere – sposarsi – trasferirsi

A:

B: Nel 1973 si è sposata Sua/tua figlia.

ÜBUNG 21

Suchen Sie unter den angegebenen Themen diejenigen aus, über die Sie von Ihrem Nachbarn/Ihrer Nachbarin etwas erfahren möchten. Benutzen Sie bei Ihren Fragen auch die unten angeführten Zeitangaben.

~ Lei fa uno sport?
≈ Sì, certo, gioco a tennis.
~ E da quanto tempo?
≈ Da almeno dieci anni!/Da parecchio tempo./Da quando non lavoro più.

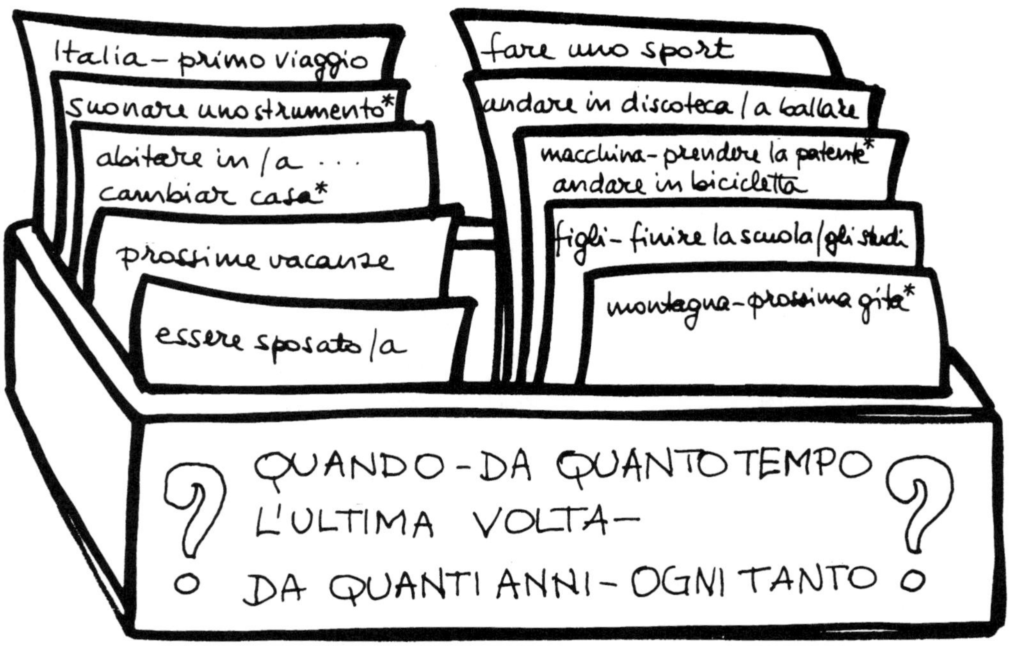

ÜBUNG 22

Was würden Sie über die abgebildeten Personen sagen, wenn sie an ihre Lebensumstände, ihre Umwelt denken? Machen Sie so viele Aussagen wie möglich und nehmen Sie dabei auch folgende Angaben zu Hilfe.

non ... ancora – non ... mai – non ... nemmeno – non ... nessuno – non ... niente – non ... più

~ Secondo me Paulo vive in Brasile.
≈ Io dico che non ha mai lasciato il suo paese.

Paulo

E. T.

Joe

ÜBUNG 23

Wie lauten die Präsensformen von andare (1), bere (2), dare (3), dire (4), sapere (5) *und* uscire (6)*?*
Jede/r würfelt zuerst um das Verb, dann um die Person.

→ dite

dire

5. Pers. = 2. Pers. Plur.

ÜBUNG 24

Perché il commissario non crede alle parole di Verdi?

ÜBUNG 25

Das ist "nonno Augusto". *Stichwortartig sind hier einige Ereignisse aus seinem Leben erwähnt. Näheres erfahren Sie von der Cassette.*

a) *Hören Sie die Cassette ein - bis zweimal und geben Sie an, wann sich die einzelnen Ereignisse zugetragen haben.*

- nascita *(Geburt)* ____________
- Alessandria d'Egitto ____________
- fine degli studi ____________
- nascita dei figli ____________
- direttore di banca ____________
- lavoro in borsa *(Börse)* ____________
- Adamas Boffa Company ____________
- Giappone ____________
- Grecia e Turchia ____________
- morte *(Tod)* della moglie ____________
- Svizzera ____________
- morte del nonno ____________

b) *Hören Sie die Cassette nochmals, machen Sie sich dabei Notizen und erzählen Sie dann die Geschichte nach.*
Achten Sie dabei auf den Gebrauch von "passato prossimo" *und* "imperfetto".
Die folgenden Ausdrücke können Ihnen nützlich sein.

farsi prete *Priester werden* – mettersi in proprio *sich selbständig machen* offerta *Angebot* – mantenere *hier: ernähren*

LEZIONE 10

ÜBUNG 1–5 nach ESERCIZIO 3

ÜBUNG 1

Wie wichtig die einzelnen Nahrungsmittel bei der täglichen Ernährung sind, wurde von Wissenschaftlern durch eine Pyramide verdeutlicht: Die unverzichtbaren Grundnahrungsmittel bilden den Sockel, was hingegen nur in geringen Mengen im Menüplan vertreten sein darf, findet man im obersten Teil der Pyramide. Der Rest verteilt sich auf die beiden mittleren Ebenen.

a) *Sagen Sie, welche Lebensmittel zu den einzelnen Ebenen gehören. Ihr Kursleiter/Ihre Kursleiterin wird Ihnen dabei behilflich sein.*

b) Che cosa vi piace o non vi piace? *Zeichnen Sie nach obigem Modell Ihre eigene "Geschmackspyramide" und sprechen Sie mit Ihrem Nachbarn/Ihrer Nachbarin über Ihre Auswahl.*

➡ Io ho messo al primo posto il latte perché mi piace molto/perché fa bene.

ÜBUNG 2

Sagen Sie mit Hilfe folgender Angaben, was Ihrer Meinung nach eine italienische Gewohnheit ist und was nicht. Ob Sie mit Ihren Vermutungen richtig liegen, sagt Ihnen dann Ihr/e Kursleiter/in.

~ Secondo me in Italia si beve la birra con la pizza.
≈ Secondo me, invece, gli italiani con la pizza preferiscono il vino rosso.

1. bere la birra con la pizza
2. fare colazione con uova e prosciutto
3. finire i pasti con la frutta
4. bere il vino con il dolce
5. al bar prendere il caffé in piedi
6. iniziare i pasti con un'insalata
7. mangiare molto pane a pranzo
8. bere molti caffè durante la giornata
9. mangiare la pasta con la carne
10. mettere la panna nell'insalata

ÜBUNG 3

Ein Schild vor dem Eingang des Mailänder Doms macht die Besucher auf verschiedene Verbote aufmerksam. Was, meinen Sie, ist wohl untersagt? Stellen Sie einige Vermutungen an und verwenden Sie dabei das unpersönliche "si". Ob Sie mit Ihren Vermutungen richtig liegen, sehen Sie auf S. 116.

Secondo me, nel Duomo non si possono/devono fare fotografie.

ÜBUNG 4

Suchen Sie die Substantive heraus, deren Plural eine Besonderheit aufweist, und geben Sie diese Pluralform an.

la radio – il telefono – la zia – il dentista – la doccia – l'europeo – il tram – la turista – il paio – il compagno – la festa – la valigia – la casalinga – la lingua – l'uomo – il marito – la discoteca – il pesce – la qualità – il semaforo

ÜBUNG 5

Wieviele Wortkombinationen können Sie sich merken? Der/die Erste wählt ein Wortpaar (Substantiv + Adjektiv) und setzt es in den Plural. Der/die Nächste wiederholt es und fügt ein eigenes hinzu, auch im Plural. Wird der Plural falsch gebildet und/oder werden die vorangehenden Wortpaare nicht richtig wiederholt, beginnt das Spiel mit einer neuen Kombination von vorne. Es beginnt, wer zuletzt gesprochen hat. Achten Sie darauf, daß die Substantive sowie die meisten Adjektive eine unregelmäßige Pluralform haben.

A: le amiche simpatiche
B: le amiche simpatiche e gli asparagi freschi

– la città	– l'uovo
– la spiaggia	– la roulotte
– l'ufficio	– il garage
– l'amica	– la camicia
– l'asparago	– il parco
– il caffè	– lo zoo

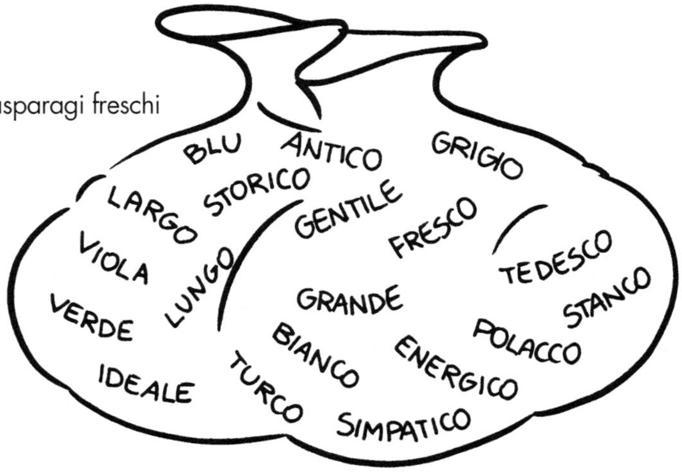

ÜBUNG 6–9 nach ESERCIZIO 7

ÜBUNG 6

Sie überlegen gerade, was Sie für das Mittagessen brauchen. Wie würden Sie diese Einkaufsliste für Ihre italienische Freundin übersetzen?

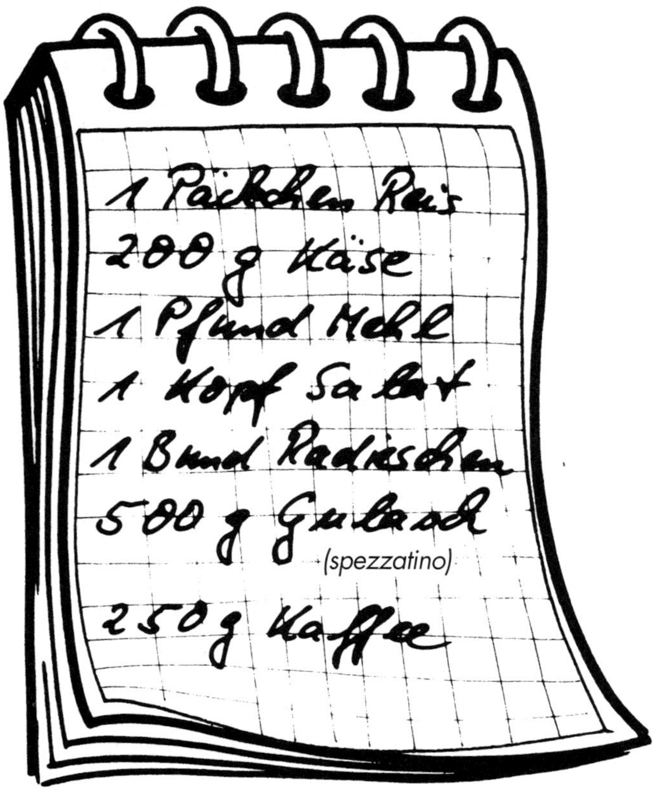

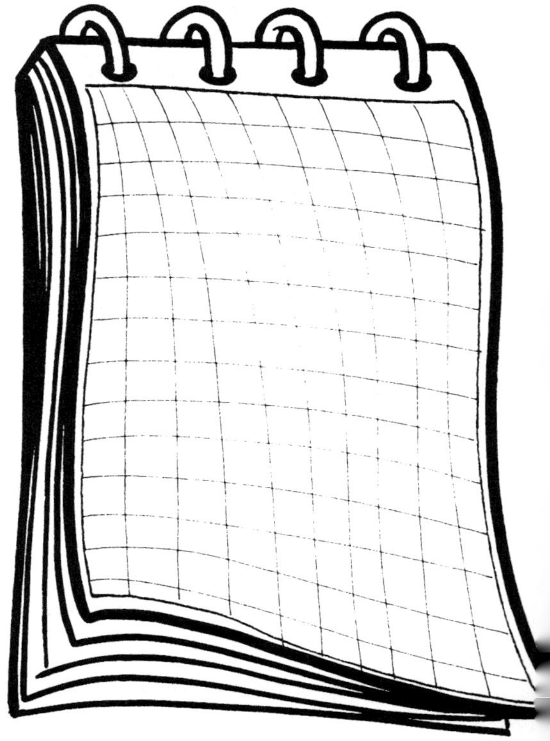

ÜBUNG 7

Wie gut ist Ihr Gedächtnis? Sehen Sie sich die linke Tischhälfte eine Minute lang an, und versuchen Sie, sich die Nahrungsmittel sowie deren jeweilige Menge einzuprägen. Bei geschlossenem Buch sagen Sie dann, was sich auf der Tischhälfte befindet. Ihr Nachbar/Ihre Nachbarin kreuzt dabei die richtigen Angaben an. Für die andere Tischhälfte gehen Sie mit vertauschten Rollen genauso vor.

ÜBUNG 8

Geben Sie anstelle der Artikel die jeweils passende Form von "quello" an.

IL FILM ....
LA TRASMISSIONE ....
LO SPETTACOLO ....
LE CANZONI ....
I LIBRI ....

GLI AUTOBUS ....
LA BICICLETTA ....
I CAMPER ....
IL TRENO ....
L'AEREO ....

I PASSANTI ....
GLI UOMINI ....
LE RAGAZZE ....
LA SIGNORA ....
L'INSEGNANTE ....
IL CANE ....

ÜBUNG 9

Vervollständigen Sie die folgenden Kurzdialoge und verwenden Sie dabei – wenn möglich – "questo" bzw. "quello".

1. *Ganz hinten am Stand sehen Sie eine gelbe Bluse. Sie fragen, ob Sie sie anprobieren dürfen.*

~ ______________________________
≈ Certo Signora, la provi pure.

2. *Mit einem Pullover in der Hand gehen Sie zum Verkäufer und erkundigen sich nach dem Preis.*

~ ______________________________
≈ 75.000 lire, Signora.

3. *In einiger Entfernung sehen Sie Früchte, die Sie nicht kennen. Sie fragen, was es für Früchte sind.*

~ ______________________________
≈ Sono fichi d'India, vengono dalla Puglia.

4. *In einiger Entfernung liegen verschiedene Sorten von Äpfeln. Sie weisen auf rote Äpfel und verlangen 2 kg davon.*

~ ______________________________
≈ 2 kg, va bene!

5. *Der rechts ist Paolas neuer Freund, den anderen kennen Sie nicht.*

~ Senti, sai chi sono quei due ragazzi vicino a Paola?
≈ ______________________________

ÜBUNG 10–12 nach ESERCIZIO 16

ÜBUNG 10

Was für Empfehlungen würden Sie diesem Kind auf seinen Schulweg mitgeben?
Folgende Elemente können Ihnen behilflich sein.

andare – ascoltare – attraversare chiacchierare – dimenticare fermarsi – giocare – guardare mangiare – spendere – venire	compagni – maestra *(Grundschul)lehrerin* a casa – a scuola per strada *auf dem Weg*

➡ Ascolta la maestra!

ÜBUNG 11

Sehen Sie sich das Rezept auf S.90 Ihres Lehrbuches an. Ihre Freunde möchten wissen, wie Sie diesen Nachtisch zubereiten. Sagen Sie es Ihnen.

➡ È semplicissimo. Montate 4 tuorli …

ÜBUNG 12

Alessandro, gerade 6 Jahre alt, will den Geburtstagstisch für seinen Vater decken.
Hören Sie die Anweisungen seiner Mutter. Wenn Sie diese mit dem Bild vergleichen, können Sie beim zweiten oder dritten Anhören die deutschen Bedeutungen neben die italienischen Bezeichnungen schreiben.

1. la tovaglia ____________
2. il piatto ____________
3. il coltello ____________
4. il cucchiaio ____________
5. la forchetta ____________
6. il cucchiaino ____________
7. il bicchiere ____________
8. il tovagliolo ____________
9. le posate da frutta ________________

ÜBUNG 13–16 nach ESERCIZIO 18

ÜBUNG 13

Ergänzen Sie die Sätze.

1. Bruno studia molt_ lingue, ma con poc_ successo.
2. La domenica non vado al cinema perché c'è tropp_ gente.
3. Quando fa caldo bisogna bere molt_.
4. In questi giorni sono molt_ stanca perché lavoro tropp_.
5. Se non hai molt_ fame, prendi un panino.
6. Ti piace questa gonna? L'ho pagata proprio poc_.
7. Oggi ho proprio tant_ da fare. Ci vediamo domani?
8. Non saprei cosa consigliarti per le vacanze. Ci sono tant_ bei posti da vedere...

ÜBUNG 14

Können sie das Gegenteil sagen?

1. Non leggo mai il giornale.
2. Resto spesso a casa da solo.
3. Mangio molta verdura e poca carne.
4. Leggo pochi libri.
5. Non invito nessuno a cena.
6. Il sabato pomeriggio vado sempre al cinema.
7. Qualche volta la domenica mangio al ristorante.

ÜBUNG 15

Beantworten Sie die Fragen mit den folgenden Zeitangaben und ergänzen Sie Ihre Aussage.

di giorno – di notte – di sera – di solito – dopo – generalmente – mai – molto spesso – ogni tanto prima di – qualche volta – quasi mai – sempre

~ Di solito nel tram, perché leggo il giornale del mio vicino.
≈ Generalmente la mattina, ma quando non ho tempo lo leggo a letto la sera.

1. Dove/Quando legge il giornale
2. Dove fa la spesa
3. Le piace stare solo in casa
4. Con chi va in vacanza
5. Che cosa si mette quando va a letto
6. A che ora si alza la mattina
7. Lei guarda la televisione
8. Che cosa mangia a colazione/a cena

ÜBUNG 16

Ergänzen Sie diesen Liebesbrief mit den folgenden Zeitangaben.

da parecchio tempo – di giorno – di notte – dopo – durante – in un attimo – mai – oggi – prima di qualche volta – sempre – tante volte – un giorno

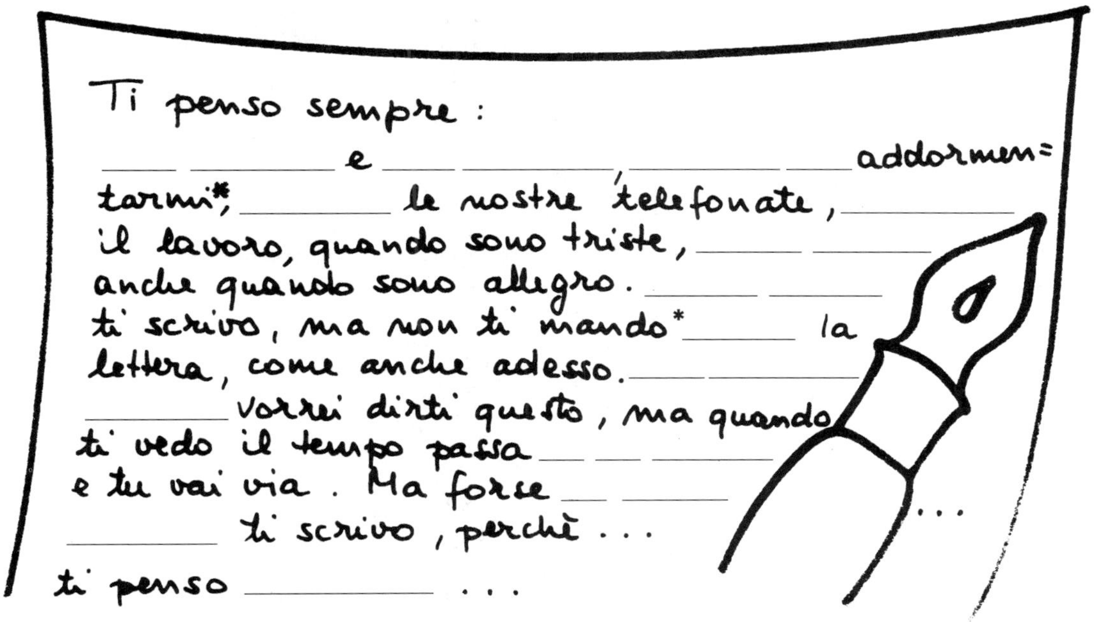

ÜBUNG 17–20 nach ESERCIZIO 22

ÜBUNG 17

Stellen Sie sich gegenseitig Fragen und beantworten Sie sie jedesmal mit "ne".
Benutzen Sie die folgenden Verben und, dort wo es angebracht ist, Zeitangaben wie "al giorno, al mese" *usw.*

avere – bere – conoscere – fare – leggere – mangiare – vedere – volere

~ Quanti libri leggi al mese?
≈ Ne leggo due o tre.

ÜBUNG 18

Auf dem Markt hören Sie einige Käufer und Verkäufer sprechen. Jede Person oder Gegenstand von der bzw. dem man spricht, wird mit einem Adjektiv im "superlativo assoluto" beschrieben. Schreiben Sie diese Adjektive.

ÜBUNG 19

Ergänzen sie die Dialoge mit "ne" im Zusammenhang mit den folgenden Wörtern. Verwenden Sie aber jedes nur einmal.

1. ~ Quante città italiane conosci?

   ≈ ______ conosco ________ , ma sono tutte in Toscana.

2. ~ Perché mangi tutti quei dolci?

   ≈ Lo so, ______ mangio sempre _______ , ma mi piacciono tanto!

3. ~ Quanti fratelli ha Serena?

   ≈ Tre o quattro, credo, ma io non _______ conosco ________ .

4. ~ Prendiamo un gelato?

   ≈ Sì, volentieri, io ________ prendo _______ al limone.

5. ~ Ti piace il caffè?

   ≈ Certo, ma _______ bevo ________ perché non mi fa dormire.

6. ~ Ti posso dare un'altra fettina di carne?

   ≈ Meglio di no, grazie, non ________ posso mangiare ________ .

ÜBUNG 20

Was sagen Sie, wenn …? Suchen Sie für jede Situation eine oder mehrere passende Redewendungen. Im Zweifelsfall hilft Ihnen der/die Kursleiter/in oder ein Wörterbuch.

1. *Sie haben einen Film gesehen, aber der hat Ihnen gar nicht gefallen.*
2. *Das Restaurant, in das Ihr Freund gehen will, ist Ihrer Meinung nach äußerst schlecht.*
3. *Ein unangenehmer Besuch hat sich gerade angekündigt.*
4. *Das Gericht, das Sie gerade essen, ist ungenießbar.*
5. *Sie kommen von einer Reise zurück, auf der nichts geklappt hat.*
6. *Ihr Freund ist ein wunderbarer Mann, aber als Koch nicht zu gebrauchen.*

a. Che porcheria!
b. Che catastrofe!
c. Davvero orribile!
d. Che disastro!
e. Che rompiscatole!
f. Uno/Che schifo!
g. Non sa di niente!
h. (È) immangiabile!
i. Non è consigliabile!
j. Che scocciatura!

ÜBUNG 21–23 nach ESERCIZIO 25

ÜBUNG 21

Julia übersetzt für Paolo den Brief, den sie gerade von ihrer Mutter bekommen hat.

Liebe Julia,
Papa und ich sind todmüde, aber glücklich nach Hause zurückgekehrt. Ich schreibe Dir gleich, um Dir und Paolo zu danken: Die Tage, die wir mit Euch verbracht haben, sind wirklich sehr schön gewesen. Du bist eine ausgezeichnete Köchin geworden: So viele Gerichte hast Du zubereitet und alle hervorragend. Ich erinnere mich, daß es Dir schon als junges Mädchen gut gefiel, mir in der Küche zu helfen, aber was für eine Katastrophe warst Du damals als Köchin: Alles war zu sauer, zu trocken, zu scharf oder zu salzig oder… es schmeckte nach gar nichts! Einen besonderen Dank an Paolo für die ausgezeichneten Weine. Er hat nicht vergessen, daß dem Papa trockene Weine schmecken, und in der Tat… er hat sehr viel getrunken! …

Deine Mama

ÜBUNG 22

Welche italienischen Sprichwörter oder Redewendungen entsprechen den deutschen? Lesen Sie laut eine/eines davon auf deutsch. Wer in der Klasse zuerst das Sprichwort oder die Redewendung auf italienisch findet, liest das nächste/die nächste auf deutsch, usw.

a. Ich weiß weder ein noch aus.
b. Viele Köche verderben den Brei.
c. Der Mensch lebt nicht vom Brot allein.
d. Das Kind beim rechten Namen nennen.
e. Nicht alles geht nach Wunsch.
f. Ich kenne meine Pappenheimer!
g. Weder Fleisch noch Fisch sein.
h. Lieber einen Spatz in der Hand als eine Taube auf dem Dach.

Bild zu ÜBUNG 3

ÜBUNG 23

a) – *Suchen Sie in jedem Text ein Wort oder Ausdruck aus, das/der Ihrer Meinung nach den Inhalt des Textes besonders wiedergibt.*
– *Bilden Sie zwei Fragen zu jedem Text und stellen Sie sie dann den anderen in der Klasse.*

b) *Welche dieser drei Essensgewohnheiten entspricht am meisten Ihrem Geschmack?*

GIAPPONE: L'ARTE DEL PESCE

Nel Paese del Sol Levante la cucina deve, oltre che essere buona, apparire anche bella. L'arte di tagliare la verdura è, a Tokyo, un aspetto non secondario della gastronomia: attraverso anni di esperienza, il cuoco impara a decorare i piatti di sushi e sashimi con cetrioli, carote, ravanelli, cipolle e limoni che hanno assunto l'aspetto di fiori, foglie, animali o figure geometriche.

INDIA: IL MONDO VEGETARIANO

Per gran parte degli indiani l'alimentazione vegetariana è una scelta legata ai principi delle religioni induista e buddista ancor prima che una norma igienica.
Sedersi attorno a un tavolo per consumare un pasto ha per gli indiani un significato molto diverso rispetto all'Occidente. Raramente il pranzo è inteso come momento comunitario, ci si accosta al cibo individualmente, in modo schivo: il pranzo viene consumato rapidamente in silenzio.

SVEZIA: LO SMÖRGASBORD

Come tutte le cucine nordiche anche quella svedese abbonda di pesci affumicati e marinati. Poi vi sono le minestre, dove si mescolano carni e verdure. Per la sua caratteristica di tavola fredda, lo smörgasbord permette di invitare numerosi ospiti senza dover trascorrere giornate ai fornelli. È un buffet che ha origine nei momenti di incontro e festa dei villaggi scandinavi: occasioni in cui tutti i convenuti portavano piatti diversi che venivano sistemati su un lungo tavolo, fra canestri di pane integrale e corposi panetti di burro.

LEZIONE 11

ÜBUNG 1–2 nach ESERCIZIO 3

ÜBUNG 1

Es ist nicht schwierig, Freunden eine Karte zu schreiben. Versuchen Sie, mit den unten angegebenen Wörtern eine begeisterte und/oder eine enttäuschte Karte zu schreiben.

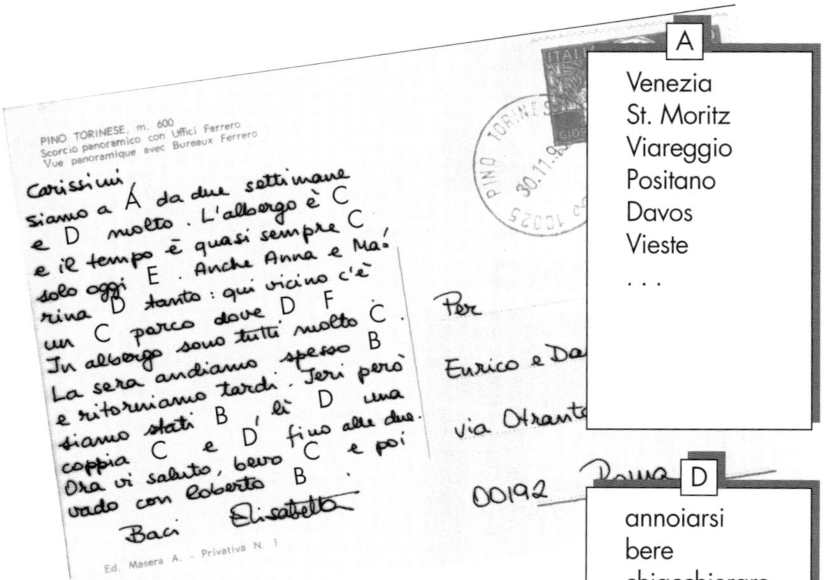
PINO TORINESE, m. 600
Scorcio panoramico con Uffici Ferrero
Vue panoramique avec Bureaux Ferrero

Carissimi
siamo a A da due settimane
e D molto. L'albergo è C
e il tempo è quasi sempre C
solo oggi E. Anche Anna e Ma…
rina D tanto: qui vicino c'è
un C parco dove D F C.
In albergo sono tutti molto C.
La sera andiamo spesso B
e ritorniamo tardi. Ieri però
siamo stati B, lì D una
coppia C e D fino alle due.
Ora vi saluto, bevo C e poi
vado con Roberto B.
Baci Elisabetta

Per
Enrico e Da…
via Otrant…
00192 Roma

Ed. Masera A. - Privativa N. 1

A
Venezia
St. Moritz
Viareggio
Positano
Davos
Vieste
. . .

B
cinema
discoteca
gelateria
mare
montagna
ristorante
piscina
. . .

C
americano
antipatico
bello
brutto
gentile
inglese
meraviglioso
piccolo
simpatico
vecchio
. . .

D
annoiarsi
bere
chiacchierare
conoscere
divertirsi
fare
giocare
. . .

E
c'è il sole
c'è nebbia
ci sono le nuvole
piove
. . .

F
con altri bambini
solo cani
solo coppie di innamorati
. . .

G
aranciata
birra
caffè
cappuccino
tè . . .

ÜBUNG 2

Was paßt zusammen? Manchmal sind mehrere Verbindungen möglich.

1. amici
2. bar
3. circolo
4. coro
5. "Da Mario"
6. musica
7. palestra
8. parco

a. carte
b. alberi
c. canzone/cantare
d. locale/ristorante
e. ginnastica
f. cappuccino
g. hard rock
h. Jugendhaus

ÜBUNG 3–4 nach ESERCIZIO 5

ÜBUNG 3

Vervollständigen Sie die Dialoge mit "ne" *oder* "ci".

1.

~ So che oggi al mercato vendono delle belle fragole e a buon prezzo. Se ________ passo ________ compro anche per te?

≈ Oh sì, per favore! Ma ________ vorrei almeno tre chili, così posso fare la marmellata.

~ Va bene, allora ________ vado in macchina e ________ prendo cinque chili.

2.

~ Hai già visto la nuova casa di Cristina?

≈ No, non ________ sono ancora stata, e tu?

~ Io, sì, ________ sono andato ieri. È proprio una bella casa! E poi c'è la metropolitana lì vicino.

≈ Davvero?! Ma sono sicura che lei non la usa. Tu sai com'è fatta Cristina! Non va mai a piedi! Anche in ufficio ________ va sempre in macchina, con tutto il traffico che c'è!

3.

~ Quest'estate mi piacerebbe fare un corso di mosaico*, ma non so dove andare.

≈ Perché non vai a Ravenna? So che là ________ organizzano tanti ogni estate.

~ Ah, sì? Ma non posso davvero andar ________ in agosto! Con tutti i turisti che ci sono!

ÜBUNG 4

Denken Sie an Ihren Wohnort und setzen Sie die passenden Namen ein; vergessen Sie dabei den Teilungsartikel nicht!

1. ___________ si mangia ___________ ottimo pesce.
2. ___________ vende anche ___________ caffè italiano.
3. ___________ offre ___________ buon vino a prezzi non troppo alti.
4. Al ___________ si vedono ___________ buoni film.
5. Per sentire ___________ buon jazz bisogna andare ___________.
6. ___________ è possibile incontrare ___________ persone interessanti.
7. Per comprare ___________ libri stranieri bisogna andare ___________.

ÜBUNG 5–8 nach ESERCIZIO 8

ÜBUNG 5

Wählen Sie aus den vorgegebenen Bausteinen einige Elemente aus, und bilden Sie einen Satz mit dem Verb in der Imperativform. Wiederholen Sie dann den Satz, wobei Sie ein Substantiv durch ein Pronomen ersetzen.

➡ Chiedi il conto al cameriere!
Chiedigli il conto!

(tu)	chiedere	lettera	Carla
(noi)	scrivere	verità	Marcella
(voi)	portare	indirizzo	Francesco
	mandare	conto *Rechnung*	amici
	offrire	caffè	mamma
	fare	aranciata	Pietro
	dire	fiori	cameriere

ÜBUNG 6

Vervollständigen Sie die folgenden Dialoge.

1. ~ Posso leggere il giornale?
   ≈ Sì, ________________ pure!

2. ~ Compro il biglietto anche per te?
   ≈ No, non ________________ , l'ho già preso ieri.

3. ~ Andiamo al cinema stasera?
   ≈ Veramente stasera non ho tempo, ________________ domani!

4. ~ Tu dove vai quest'estate? Io avrei pensato di andare a Taormina.
   ≈ Mi sembra una buona idea, ma non ________________ in agosto, c'è troppa gente!

5. ~ Posso provare i tuoi occhiali?
   ≈ Certo, ________________ pure!

6. ~ Secondo te, cosa potrei regalare a Marina?
   ≈ Mah, ________________ un profumo*!

7. ~ Devo dire qualcosa a Fausto da parte tua*?
   ≈ Sì, ________________ che domani sera passo da lui verso le nove.

ÜBUNG 7

Anna beantwortet Marcos Karte gleich (Lehrbuch S. 97). Schreiben Sie Annas Antwort und verwenden Sie dabei auch Imperativformen.

ÜBUNG 8

Seien Sie weniger höflich, dafür um so deutlicher, und drücken Sie folgende Aufforderungen mit dem Imperativ aus.

Se vedi Laura le dai questo libro?
Se vedi Laura dalle questo libro.

1. Se vedi Laura le dai questo libro?
2. Mi fai un favore?
3. Mi dite dove siete stati?
4. Ci vediamo alle 8?
5. Piera è molto stanca, le fai un caffè?
6. Stasera siamo a casa, ci telefonate?
7. Se vai in India mi scrivi una cartolina*?
8. All'Astor danno un bel film, ci andiamo insieme?
9. Le dai del tu?
10. Mi dici con chi vai al cinema?
11. Ci dai 10 marchi?
12. Mi stai a sentire quando parlo?

PER RIDERE UN PO'

— Lo invitiamo a pranzo?

ÜBUNG 9–10 nach ESERCIZIO 13

ÜBUNG 9

Vervollständigen Sie die Dialoge mit den passenden unpersönlichen Ausdrücken und Verben.

1. ~ Quest'anno vogliamo andare in Sardegna!
   ≈ È un'ottima idea, ma ________________ prenotare per tempo*, perché non ________________ trovare una camera in agosto.

2. ~ Andiamo al cinema stasera?
   ≈ Sì, d'accordo, ma ________________ andarci già nel pomeriggio, perché la sera ________________ trovare posti liberi.

3. ~ Scusi, per andare alla stazione quale tram devo prendere?
   ≈ Non ________________ prendere il tram; ________________ girare qui a destra e trova subito la stazione.

ÜBUNG 10

Haben Sie und Ihr Nachbar/Ihre Nachbarin Gemeinsamkeiten? Die folgenden Satzanfänge sollen Ihnen als Anregung für kurze Dialoge dienen. Versuchen Sie dabei, den jeweiligen Satzanfang mit immer neuen Möglichkeiten zu Ende zu führen, bis Sie eine gemeinsame Lösung gefunden haben. Vergessen Sie aber nicht, die Sätze mit "di", "a" und Infinitiv oder auch mit dem einfachen Infinitiv weiterzuführen.

~ Io oggi non avevo voglia di alzarmi.
≈ Io invece non avevo voglia di preparare il pranzo.
~ E io non avevo voglia di fare i compiti.
≈ Nemmeno io.
> Oggi non avevamo voglia di fare i compiti.

1. Oggi non avevo voglia . . .
2. Io non aiuto volentieri mio marito/ mia moglie/mia madre . . .
3. Il fine settimana mi piace . . .
4. La mattina non ho mai tempo . . .
5. Ho cominciato . . . tanto tempo fa.
6. Secondo me è importante . . . tutti i giorni.
7. Io non mi diverto . . .
8. Io ho intenzione . . .
9. Per star bene a me basta . . .
10. Io spesso dimentico . . .
11. A me piacerebbe molto andare . . .
12. Per dormire bene secondo me bisogna . . .

ÜBUNG 11–15 nach ESERCIZIO 19

ÜBUNG 11

Stellen Sie zwischen Ihren Verwandten und Bekannten Vergleiche an.

Mio figlio è più sportivo di mio marito.

1. . . . più sportivo . . .
2. . . . meno coraggioso . . .
3. . . . più energico . . .
4. . . . più alto . . .
5. . . . più magro . . .
6. . . . meno attivo . . .
7. . . . più timido . . .
8. . . . meno indipendente . . .

ÜBUNG 12

Sie sehen hier vier ungleiche Paare. Welche Vergleiche würden Sie ziehen? Die folgenden Adjektive sollen eine Anregung für Sie sein.

divertente – snello *schlank* – bello – vecchio – elegante – faticoso – veloce
comodo – inquinante *umweltverschmutzend* – rumoroso – pericoloso – caro – eccitante *aufregend*
sano – facile – conosciuto

La Befana è più vecchia di Barbie.
La gondola è meno veloce del motoscafo.

La Befana

Barbie

il motoscafo

la gondola

il jogging

il parapendio

Topolino

la Bibbia

ÜBUNG 13

Was ziehen Sie jeweils vor und warum? Reden Sie zu zweit darüber. Nehmen Sie folgendes Sprachmaterial zu Hilfe und begründen Sie Ihre Meinung. Denken Sie daran, daß "als" entweder mit "di" oder mit "che" übertragen wird.

~ A me piace di più uscire in gruppo che da solo; da solo mi annoio.
≈ A me invece piace di più uscire da solo; è più facile conoscere gente nuova.

1. uscire da solo/in gruppo
2. passare la domenica con la famiglia/con gli amici
3. mangiare in cucina/in soggiorno
4. Frank Sinatra/Michael Jackson
5. i dolci/la frutta
6. lavorare di notte/di giorno
7. lavorare fuori casa/in casa
8. fare le scale/prendere l'ascensore
9. la discoteca/il piano bar
10. ascoltare un disco/andare al concerto
11. l'espresso/il cappuccino
12. passare le vacanze nel mio paese/andare all'estero

ÜBUNG 14

Welches ist der beste Film des Jahres oder der interessanteste Politiker Italiens? Fragen Sie die anderen nach ihrer Meinung.

Secondo Lei, signor . . . , qual è l'uomo politico più interessante (del momento)?

l'uomo politico	importante	momento
attore/attrice	migliore	anno
la/le città	peggiore	mondo
il giornale	affascinante *faszinierend*	nostro paese
lo spettacolo	simpatico	Europa
il locale	romantico	Italia
il/la pianista *Pianist/in*	frequentato	estate
il/i film	intelligente	. . .
il complesso rock *Rockgruppe*	accogliente	
il libro	interessante	
. . .	. . .	

ÜBUNG 15

Erinnern Sie sich an die Werbung für die "Osteria del Buongustaio" *im Lehrbuch? Schreiben Sie mit Phantasie und mit Hilfe der folgenden Wörter für einen der drei Orte einen ähnlichen Werbetext.*

accogliente – allegro – calmo – confortevole – divertente – esclusivo *exklusiv* – facile
familiare – fantasioso – faticoso *anstrengend* – luminoso – lussuoso *luxuriös* – moderno – noioso
nuovo – rilassante *entspannend* – simpatico – tranquillo – veloce

Bauen Sie Ihren Werbetext folgendermaßen auf:

Cerchi una discoteca / un hotel / un corso di lingua

più ________ di ________ ,   e meno ________ di ________ ?

più ________ di ________ ,   Allora vieni ________________ !

più ________ di ________   È ________ di ________ !

ÜBUNG 16–23 nach ESERCIZIO 24

ÜBUNG 16

Von der Cassettte hören Sie einige kurze Dialoge. Kreuzen Sie an, ob sich die Leute jeweils duzen oder siezen.

Ein Tip: Achten Sie auf die Imperativformen!

	1	2	3	4	5	6	7	8	9	10	11	12
TU												
LEI												

ÜBUNG 17

Zu welchen Fragen passen diese Antworten? Hören Sie die Cassette und geben Sie die entsprechende Nummer an.

a) ☐ Dia a me, faccio io!
b) ☐ Ma certo, faccia pure!
c) ☐ Ma no, figurati!
d) ☐ Dica, dica!
e) ☐ Stia pure comoda, lo chiamo io!
f) ☐ Non preoccuparti, ci penso io!

ÜBUNG 18

Was für Ratschläge würden Sie den beiden jeweils geben? Lassen Sie Ihrer Phantasie freien Lauf; verwenden Sie jedoch jedesmal den Imperativ.

~ Oggi sono proprio stanco!
≈ Vada a casa prima! / Cerchi di riposarsi!

1. Oggi sono proprio stanco!
2. Mi piacerebbe conoscere gente nuova!
3. Il lavoro in banca non mi piace proprio più!
4. Mi piacerebbe fare un po' di sport.
5. Questo caldo non lo sopporto proprio!

1. Che noia andare sempre in discoteca!
2. Sarebbe bello sapere il tedesco!
3. Che buono questo dolce!
4. Che freddo oggi!
5. Oggi non ho proprio voglia di studiare!

ÜBUNG 19

Was sollte ein/e Bekannte/r, der/die sich längere Zeit in Ihrer Stadt aufhalten wird, unbedingt tun bzw. meiden? Bilden Sie Kleingruppen und erstellen Sie eine Liste mit Ratschlägen: Einkaufsmöglichkeiten, Restaurants, Kneipen, Unterhaltungs-/Kulturangebote, besondere Tips, Ausflüge usw. Verwenden Sie dabei den Imperativ für "Lei" *bzw.* "tu" *und nehmen Sie ein Wörterbuch zu Hilfe.*

Se le piace l'arte moderna, vada . . ., e soprattutto non dimentichi . . ., lì fanno spesso mostre molto interessanti. Per i ristoranti, cerchi di evitare *(meiden)* quelli . . ., sono cari e nemmeno tanto buoni. Le consiglio invece di andare da . . .

ÜBUNG 20

Ordnen Sie die Satzteile und ergänzen Sie mit "di" *oder* "da".

1. ha mangiato / a pranzo / che cosa / . . . buono / ?
2. . . . bere / offrire / che cosa / Le posso / signora / ?
3. non c'è niente / . . . vedere / secondo me / . . . interessante / al cinema /.
4. qualcosa / mi può consigliare / . . . tipico / ?
5. ho molto / oggi / . . . fare /.
6. qualcosa / vorrei / . . . speciale / preparare / per stasera /.
7. domenica / . . . bello / che cosa / ha fatto /?
8. . . . elegante / qualcosa / cerco / per la sera /.

ÜBUNG 21

Erfinden Sie zu den vier Situationen jeweils einen kurzen Dialog zwischen einem Gast und der Bedienung. Verwenden Sie dabei auch das folgende Sprachmaterial. Arbeiten Sie zu zweit.

prenotare *bestellen* – domani sera – quattro persone – A quale nome? *Auf welchen Namen?* essere in quattro – tavolo libero – accomodarsi *Platz nehmen* – là in fondo – senza alcool *alkoholfrei* vino sfuso *offener Wein* – non gassata *ohne Kohlensäure* – il conto – un altro caffè *noch ein . . .*

ÜBUNG 22

Hören Sie von der Cassette drei Dialoge. Sie finden in den hier abgebildeten Restaurants statt. Ordnen Sie die Dialognummern zu.

A 

B 

C 

A ☐ B ☐ C ☐

ÜBUNG 23

Was bietet das Restaurant "Sor Paolo" in Impruneta bei Florenz an? Bilden Sie Kleingruppen und versuchen Sie, mit Hilfe von Wörterbuch und Vorstellungskraft herauszufinden, was den Gast erwartet.

VINO DELLA CASA

ROSSO O ROSATO	6.000

ANTIPASTI

NIDI AI FUNGHI	6.000
CROSTINI DI POLENTA	5.000
CROSTINI DI FEGATINI	4.000
FETTA COL POMODORO	5.000
FETTA COI FAGIOLI	5.000
FETTUNTA ALL'OLIO	4.000
SOTTOLIO NOSTRI	7.000
PROSCIUTTO CASALINGO E ALTRI AFFETTATI	8.000
CROSTINI, POLENTA E NIDI AI FUNGHI	7.000
CROSTINI DI FEGATINI E AFFETTATI	9.000
AFFETTATI, CROSTINI E SOTTOLIO NOSTRI	12.000

ZUPPE E PASTA

PAPPA AL POMODORO	6.000
MINESTRA DI FARRO	6.000
LE SOLITE PENNE	8.000
TAGLIATELLE AL SUGO RICCO	8.000

SECONDI PIATTI

FRITTO MISTO DI CARNE ALLA FIORENTINA	16.000
POLLO ALLA DIAVOLA	12.000
BISTECCHE ALLA FIORENTINA	l'hg. 4.000
FILETTO ALLA BRACE	l'hg. 8.000
CARPACCIO DI RUCOLA	14.000

VERDURE

FAGIOLI ALL'OLIO	5.000
FRITTO MISTO	6.000
PATATINE FRITTE*	4.000
VERDURE SALTATE	5.000
INSALATA DI CAPPUCCINO	6.000
INSALATA DI RUCOLA	6.000

E PER DOPO..!

CANTUCCINI NOSTRI COL VINSANTO	7.000
PRUGNE DI'SOR PAOLO	6.000
GELATO ALLA GHIOTTA	7.000
GELATO AFFOGATO	7.000

*alim. surgelato

Alberto Moravia

FELICE SOTTO LA PIOGGIA

Forse ero felice perché andavo al mio primo appuntamento con Gloria, la cassiera di un bar dalle parti di piazza della Regina dove io lavoro come meccanico in un garage. Questa Gloria l'avevo accostata al buio, assistendo nel bar alla televisione; e prima le avevo sfiorato il braccio con il braccio, e poi, facendomi coraggio, le avevo messo la mano sulla mano; e così finita la televisione, le avevo fissato un appuntamento per giovedì che era il giorno in cui la padrona le dava il cambio alla cassa del bar. Oggi era giovedì, io andavo all'appuntamento e mi sentivo felice.

La sola preoccupazione era che ci avevo pochi soldi. Sono cose che succedono quando si ha vent'anni e si è meccanici in un garage. Tanto pochi da non potere offrire a Gloria che una visita al giardino zoologico e poi, tutt'al più, un espresso, in piedi, in un bar. Niente cinema, perché i cinema dalle parti di via Veneto sono cari; a maggior ragione, niente ballo in una sala, anche fosse quella del Quadraro. Ma io ci ho la passione degli animali e mi illudevo che anche Gloria ce l'avesse. E poi contavo sul sentimento: se questo c'è, che importano i soldi?

Tra questi pensieri ero giunto al Museo che era il luogo dell'appuntamento. Mi misi al riparo della pioggia, sotto un cornicione, e aspettai.

Finalmente, ecco Gloria arrivare da uno di quei viali deserti, sotto la pioggia, riparandosi con l'ombrellino. Non so perché, dal modo come era acconciata compresi subito il mio errore: quella non era la ragazza che ci voleva per me. Era tutta infronzolata, con un cappotto nuovo, rosso, e un vestito di seta verde bottiglia; aveva una nuova acconciatura ai capelli così che quasi quasi non la riconobbi.

da *Nuovi racconti romani*

Bompiani, Milano 1959

ÜBUNG 24

Suchen Sie im Text die entsprechenden Ausdrücke für:

1 – . . . ich hatte mich ihr in der Dunkelheit genähert . . . ______________________

2 – . . . was bedeutet denn schon das Geld? ______________________

3 –. . . ich war am Museum angekommen . . . ______________________

4 –. . . sie war nicht das passende Mädchen für mich . . . ______________________

5 –. . . sie hatte sich ganz herausgeputzt . . . ______________________

ÜBUNG 25

Suchen Sie im Text die Verben, die den folgenden Ausdrücken vorangestellt sind.

1. ______________________ al mio primo appuntamento
2. ______________________ come meccanico in un garage.
3. ______________________ il braccio con il braccio.
4. ______________________ la mano sulla mano;
5. ______________________ un appuntamento per giovedì
6. ______________________ sul sentimento.
7. ______________________ il luogo dell'appuntamento
8. ______________________ una nuova acconciatura

ÜBUNG 26

Welche Verben oder/und Substantive würden Sie den folgenden Wörtern zuordnen?

➡ bar – cinema – garage – giardino – museo – sala – viale

Bar: bere, entrare, pagare, caffè, . . .

ÜBUNG 27

Che cosa sapreste raccontare sui due personaggi?

ÜBUNG 28

Come potrebbe continuare la storia?

LEZIONE 12

MICHELANGELO

MA IL PAPA INSISTE. ACCOMPAGNA MICHELANGELO NELLA CAPPELLA. QUI SI RISVEGLIA LO SPIRITO DELL'ARTISTA E MICHELANGELO ACCETTA.
SANTITÀ, ACCETTO L'INCARICO, MA VOGLIO LAVORARE SOLO. NESSUNO DEVE ENTRARE NELLA CAPPELLA
E MICHELANGELO LAVORA NOTTE E GIORNO, DURANTE QUATTRO LUNGHI ANNI CHE DANNEGGIANO LA SALUTE E LA VISTA DELL'ARTISTA.
NEL 1509 SCRIVE A SUO FRATELLO:
....io sto qua in grande affanno e con grandissima fatica di corpo e non ho amici di nessuna sorte e non ne voglio....
IL PAPA NON È CONTENTO E UN GIORNO PARLA PREOCCUPATO A MICHELANGELO.
TANTI NUDI IN UNA CAPPELLA!
SANTITÀ, I MIEI NUDI NON SONO SCANDALOSI! RAPPRESENTANO IL BENE E IL MALE!
GIULIO II È IMPAZIENTE DI VEDERE LA GRANDE OPERA COMPIUTA.
QUANTO TEMPO ANCORA? QUANDO FINIRAI?
QUANDO POTRÒ, PADRE SANTO.
E COSÌ, NEL SETTEMBRE DEL 1510, PER ACCONTENTARE IL PAPA, MICHELANGELO FA VEDERE A TUTTI LA METÀ DELLA VOLTA AFFRESCATA.
FINALMENTE, A PARTIRE DAL 1512, COMPLETATI GLI AFFRESCHI DELLA CAPPELLA SISTINA, MICHELANGELO PUÒ DEDICARSI ALLA SUA ARTE PREFERITA, ALLA SCULTURA (E PIÙ TARDI ANCHE ALL'ARCHITETTURA).
MICHELANGELO MUORE A ROMA IL 18 FEBBRAIO 1564. NON SI È MAI SPOSATO. I SUOI INTERESSI, I SUOI SENTIMENTI E LA SUA FORZA SONO STATI SOLO PER IL LAVORO.

LEZIONE 13

ÜBUNG 1–6 nach ESERCIZIO 3

ÜBUNG 1

a) *Ergänzen Sie, eventuell auch mit Hilfe eines Wörterbuches.*

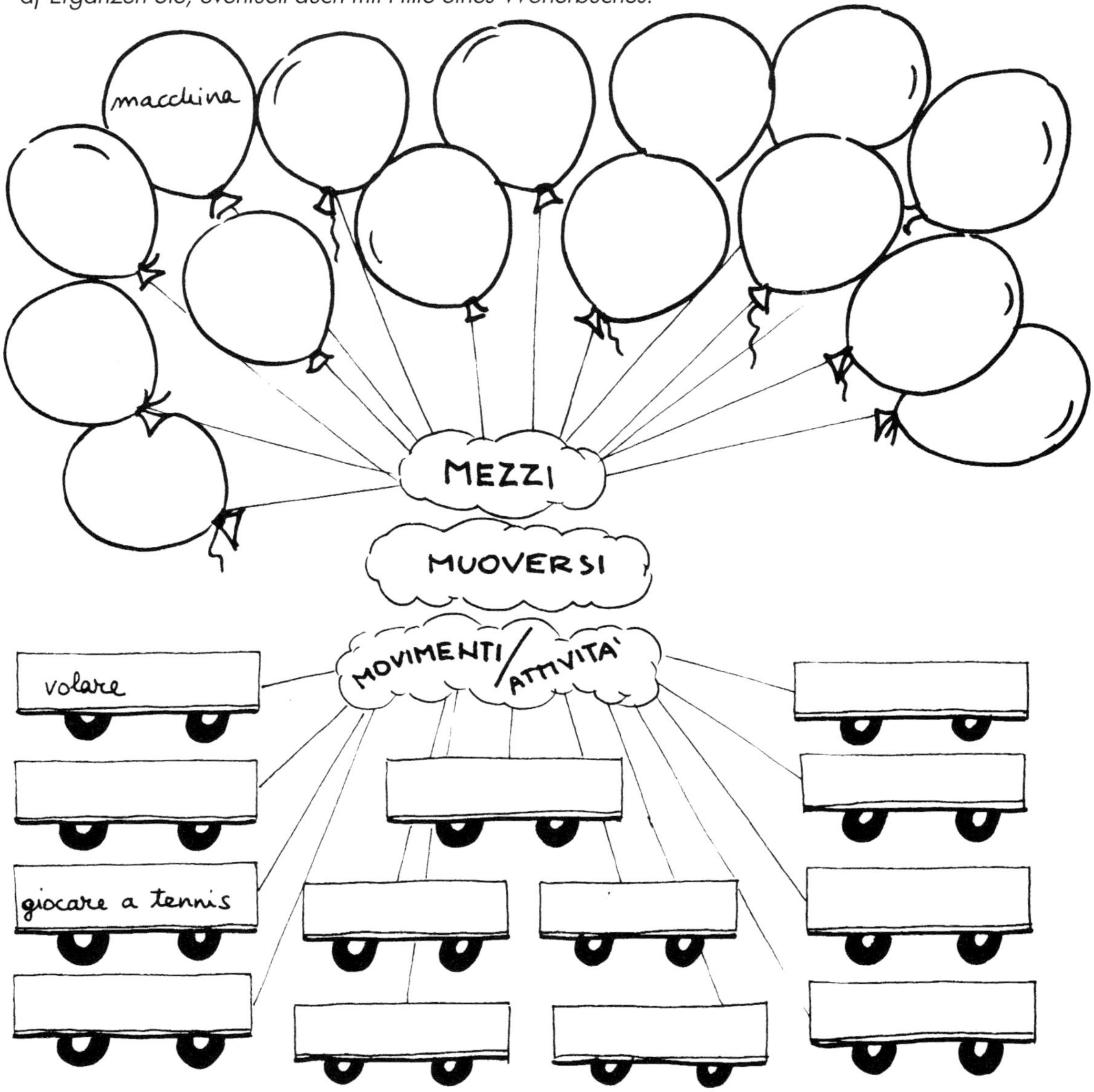

b) *Unter den Tätigkeiten, die Sie genannt haben, gibt es bestimmt solche, die Sie als angenehm empfinden, andere wiederum, die Sie gar nicht mögen. Wählen Sie je zwei aus, und stellen Sie sie anhand eines Gegenstandes, der mit der jeweiligen Tätigkeit in Verbindung steht, zeichnerisch dar. Ihr Nachbar/Ihre Nachbarin soll erraten, was Sie gern bzw. nicht gern tun.*

~ Quest'oggetto si riferisce *(bezieht sich)* a un'attività che mi piace (molto)/non mi piace (per niente).
≈ Allora a Lei/a te piace/non piace camminare?

ÜBUNG 2

Welche der angegebenen Transportmittel benutzen Sie, wann und warum? Gibt es auch solche, die Sie nicht nehmen? Wählen Sie zwei aus, und versuchen Sie den anderen zu erklären, welches Sie nehmen bzw. nicht nehmen und warum. Nennen Sie aber den Namen des jeweiligen Transportmittels nicht! Das Rätsel soll anhand der sonstigen Informationen gelöst werden.

bicicletta – tram – metropolitana – ascensore – taxi – teleferica *Schwebebahn*
scala mobile *Rolltreppe* – moto – aereo – autobus – macchina

~ La prendo spesso perché così vado dove voglio senza problemi di parcheggio.
≈ La bicicletta?
~ Sì!

ÜBUNG 3

Sie haben hier einige Anwendungsbeispiele für die Verben "salire" und "fare". Geben Sie die deutsche Übersetzung an, eventuell mit Hilfe eines Wörterbuches.

Ein Tip: Die Ausdrücke mit "fare" werden im Deutschen mit einem Verb wiedergegeben.

S	le scale ___________
A	in macchina ___________
L	in ascensore ___________
I	sul treno ___________
R	a bordo ___________
E	al quarto piano ___________

F	ginnastica ___________
A	il bagno ___________
R	jogging ___________
E	vela ___________

ÜBUNG 4

In einem Haus sind viele Geräusche zu hören. Meistens verraten sie einem auch, was die Leute gerade tun. Hören Sie die Cassette, und sagen sie mit Hilfe von "stare" + Gerundium, was die Bewohner von "corso Bramante 87" gerade tun.

Michelino sta suonando il pianoforte.

ÜBUNG 5

Denken Sie an Ihre Familie, an Ihre Nachbarn und Freunde, und sagen Sie, was diese in diesem Moment sicherlich oder wahrscheinlich gerade tun. Arbeiten Sie zu zweit.

In questo momento mio padre sta certamente ascoltando la radio.
Forse mio fratello sta studiando.

ÜBUNG 6

Die ganze Familie Mafai ist beschäftigt, niemand will oder kann den Vater begleiten. Wie könnten die einzelnen Antworten lauten? Denken Sie an etwas umfangreichere Antworten und verwenden Sie dabei "stare" + *Gerundium.*

No, io non posso , sto preparando la cena! Chiedi un po' alla nonna . . .

ÜBUNG 7 – 8 nach ESERCIZIO 6

ÜBUNG 7

Ergänzen Sie die Wünsche mit "tutto il, ogni, qualche, alcuni, qualsiasi". *Achten Sie darauf, daß einige Indefinita verändert werden müssen. Führen Sie dann die Liste mit eigenen Wünschen fort.*

1. Mi piacerebbe passare ___________ estate in Italia.
2. Certe volte avrei voglia di ballare ___________ notte.
3. Per il mio compleanno mi piacerebbe invitare ___________ amici.
4. Vorrei avere ___________ fine settimana liberi.
5. Oggi avrei voglia di stare a letto ___________ giorno.
6. Andrei volentieri ___________ giorno al mare.
7. Vorrei sentirmi a mio agio in ___________ situazione.
8. Vorrei avere il tempo di fare una passeggiata ___________ sera.
9. Sarebbe bello poter fare la spesa a ___________ ora.
10. Mi piacerebbe trasferirmi per ___________ anni in un altro paese.

ÜBUNG 8

Sprechen Sie über Ihr Stadtviertel, Ihre Wohnung/Ihr Haus und über sich selbst. Verwenden Sie bei jedem Satz eines der folgenden Indefinita in der passenden Form.

nessuno – alcuni – qualche – troppo poco – poco – molto – troppo

→ Nel mio quartiere ci sono pochi negozi.

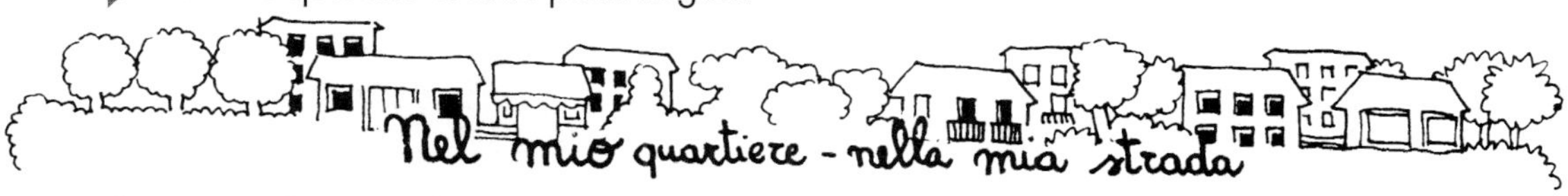

macchina – parcheggio – bicicletta – traffico – bambino – cane – persona anziana – negozio – villetta . . .

mobile moderno – mobile antico – libro – disco – quadro *Bild* – poster – tappeto – spazio *Platz, Raum* – luce *Licht* . . .

amico – parente – tempo libero – lavoro . . .

ÜBUNG 9–12 nach ESERCIZIO 7

ÜBUNG 9

Wohin gehören die Texte? Kombinieren Sie!

① 
② 
③ 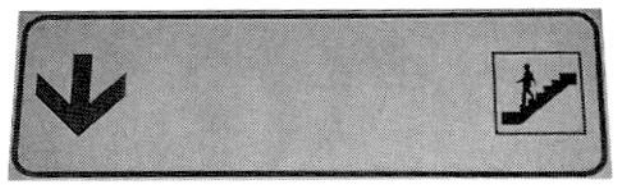
④ 

a) servirsi del sottopassaggio b) vietato attraversare i binari c) non fumatori d) deposito bagagli

ÜBUNG 10

a) *Sie sind in Turin und möchten mit dem Zug erst nach Vercelli, dann nach Biella und schließlich wieder zurück nach Turin. Was fragen Sie, wenn Sie folgendes wissen möchten?*

1. Gibt es einen Intercity nach Vercelli?
2. Muß ich in Santhià umsteigen?
3. Wie fahre ich von Vercelli nach Biella?
4. Kann ich jeden beliebigen Zug nehmen?
5. Muß ich für den "rapido" einen Zuschlag zahlen?
6. Wo ist die Gepäckaufbewahrung?

b) *Von Turin aus planen Sie eine Reise nach Neapel. Was fragen Sie, wenn Sie folgendes erfahren möchten?*

1. Gibt es einen direkten Zug nach Neapel oder muß ich in Rom umsteigen?
2. Wann und auf welchem Gleis ist der Anschluß in Rom?

c) *Und was sagen Sie, wenn Sie folgendes möchten?*

1. Zwei Rückfahrkarten erster Klasse.
2. Zwei Plätze für Nichtraucher reservieren.
3. Für die Hinreise zwei Plätze im Liegewagen reservieren.

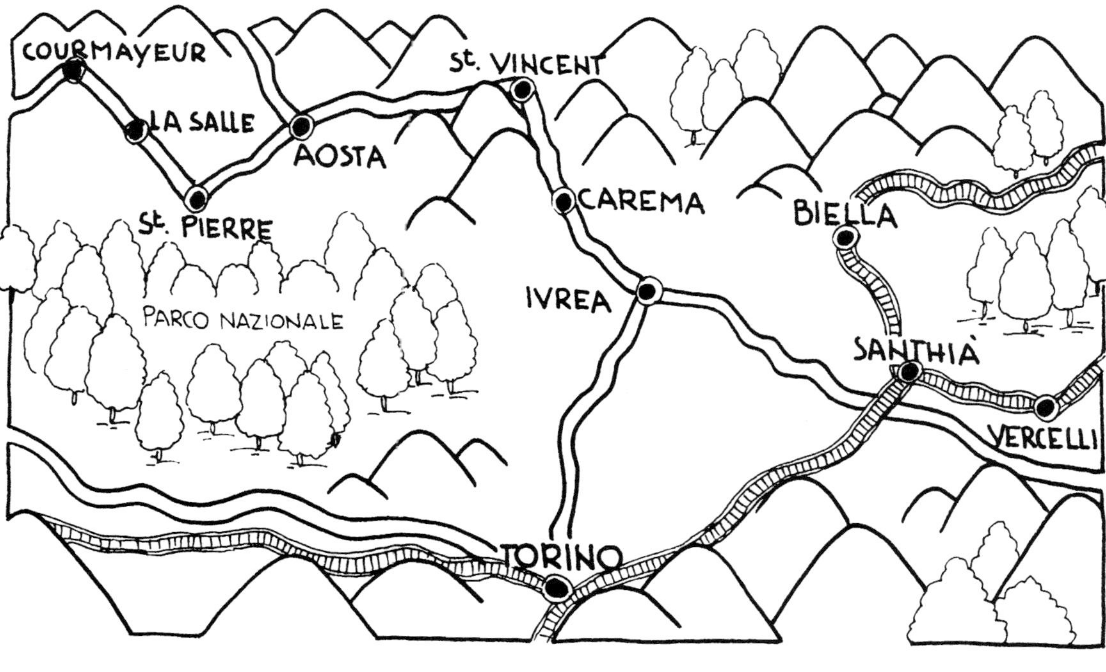

ÜBUNG 11

Als Zugreisende/r wird man immer wieder mit Durchsagen konfrontiert. Einige Beispiele davon können Sie von der Cassette hören. Sagen Sie nach jeder Durchsage, was sie tun würden.

ÜBUNG 12

Wer mit dem Zug oder Bus Ausflugsziele erreichen will, sollte auch die Zeichenerklärungen der Fahrpläne verstehen können. Folgender Auszug gehört zum Fahrplan der Buslinie, die von Turin aus durch das ganze Aostatal bis Courmayeur fährt. Lesen Sie zuerst die Fragen und sehen Sie sich dann den Fahrplan sowie die dazu passenden Zeichenerklärungen an. Die Karte des Aostatals finden Sie auf Seite 136.

TORINO - IVREA - AOSTA - COURMAYEUR

	(1)(2)		(1)	(9)	X	X(3)
TORINO - Autostazione Comunale	7,30	7,30	8,30	10,00	11,15	—
TORINO - Porta Susa	7,35	7,35	8,35	10,05	11,20	—
CHIVASSO - Cas. Autostrada	↓	8,05	9,05	10,35	11,50	—
ARÈ	↓	8,17	9,17	10,47	12,02	—
CALUSO	↓	8,19	9,19	10,49	12,04	—
CANDIA / Barone	↓	8,23	9,23	10,53	12,08	—
MERCENASCO	↓	8,28	9,28	10,58	12,13	—
STRAMBINO	↓	8,33	9,33	11,03	12,18	—
S. BERNARDO D'IVREA	↓	8,37	9,37	11,07	12,22	—
IVREA - Corso Cavour (*)	8,30°	8,45	9,45	11,15	12,30	13,15
BORGOFRANCO	↓	8,55	9,55	11,25	12,40	13,25
SETTIMO VITTONE	↓	9,00	10,00	11,30	12,45	13,30
QUINCINETTO	↓	9,04	10,04	11,34	12,49	13,34
CAREMA	↓	9,07	10,07	11,37	12,52	13,37
PONT SAINT-MARTIN (*)	8,45°	9,10	10,10	11,40	12,55	13,40
DONNAS	↓	9,15	10,15	11,45	13,00	—
BARD	↓	9,19	10,19	11,49	13,04	—
ARNAD	↓	9,25	10,25	11,55	13,10	—
VERRES (*)	8,55°	9,30	10,30	12,00	13,15	—
MONTJOVET	↓	9,37	10,37	12,07	13,22	—
SAINT-VINCENT	↓	9,50	10,50	12,20	13,35	—
CHATILLON (*)	9,05°	9,55	10,55	12,25	13,40	—
CHAMBAVE	↓	10,02	11,02	12,32	13,47	—
NUS	↓	10,10	11,10	12,40	13,55	—
QUART	↓	10,18	11,18	12,48	14,03	—
	9,30	10,30	11,30	13,00	14,15	—
AOSTA - Autostazione						
	↓	—	11,30	13,05	14,25	—
SARRE	↓	—	11,45	13,20	14,40	—
SAINT-PIERRE	↓	—	11,50	13,25	14,45	—
VILLENEUVE	↓	—	11,53	13,28	14,48	—
ARVIER	↓	—	11,58	13,33	14,53	—
LEVEROGNE	↓	—	12,00	13,35	14,55	—
RUNAZ	↓	—	12,05	13,40	15,00	—
LA SALLE	↓	—	12,12	13,47	15,07	—
MORGEX	10,15	—	12,15	13,50	15,10	—
PRÉ SAINT-DIDIER	10,20	—	12,20	13,55	15,15	—
COURMAYEUR	10,30	—	12,30	14,05	15,25	—
CHAMONIX(**)	11,25	—	13,10	—	16,10	—

X = Feriale + = Festivo (°) Ferma al Casello A/5.

(1) Prolungamento giornaliero a Courmayeur con cambio vettura ad Aosta.
(2) Corsa diretta sino a Courmayeur nei giorni festivi.
(3) Solo periodo scolastico.
(4) Da Aosta a Torino solo feriale.
(5) Da Courmayeur ad Aosta periodo non scolastico. Festiva nel restante periodo.
(6) Da Aosta a Pont Saint-Martin solo feriale.
(7) Giornaliera nel periodo non scolastico. Festiva nel restante periodo.
(8) Da Aosta a Torino solo festivo.
(9) Il prolungamento Aosta-Courmayeur non si effettua dal 29/6 al 7/9.

1. Es ist Montag und Sie möchten um 9.45 Uhr von Ivrea nach Saint-Pierre. Was müssen Sie tun?

2. Es ist Sonntag und Sie möchten um 7.30 Uhr von Turin nach Courmayeur. Müssen Sie in Aosta umsteigen?

3. Es ist Ende August und Sie möchten um 13.05 Uhr von Aosta nach La Salle. Geht das?

4. Es ist der 15. August, also ein Feiertag für die Italiener. Um 11.15 Uhr möchten Sie von Turin nach Saint-Vincent fahren. Fährt der Bus?

5. Es ist Mittwoch, die Schulferien haben noch nicht begonnen. Sie beabsichtigen, um 13.15 Uhr von Ivrea nach Carema zu fahren. Können Sie das?

ÜBUNG 13 nach ESERCIZIO 11

ÜBUNG 13

Herr und Frau Di Gennaro fahren in Urlaub. Dieses Jahr haben sie eine Studienreise nach Indien gebucht. Heute ist Abreisetag und sie prüfen gerade nach, ob sie alles dabei haben.

~ Ce li hai i biglietti?
≈ Sì, ce li ho, eccoli!
~ E la carta geografica dell'India, ce l'hai?
≈ No, non ce l'ho!

ÜBUNG 14–17 nach ESERCIZIO 14

ÜBUNG 14

Sehen Sie sich das Bild in Ihrem Lehrbuch auf Seite 14 an und hören Sie gleichzeitig die Beschreibung von der Cassette. Der Sprecherin sind jedoch fünf Fehler unterlaufen. Welche?

ÜBUNG 15

Vervollständigen Sie den Text mit folgenden Präpositionen.

davanti alla – davanti alla – dentro – dietro – dietro – di fronte alla – fra – fra – fra – fra
in fondo al – in mezzo alla – intorno alle – sopra – sotto – sotto – vicino a – tra

La mia casa è proprio _________ chiesa di San Giuseppe e dalla finestra posso vedere la fontana* _________ piazza. Nell'appartamento, _________ corridoio, _________ il bagno e lo studio di mio marito c'è la mia camera. Di giorno divido la camera con Fifì, il gatto: io siedo _________ scrivania e lui dorme _________ il divano e lo scaffale. Artù invece, il nostro cane, preferisce riposare _________ il tavolo nello studio, perché sta sempre _________ mio marito. Con noi, _________ un caos di libri, dischi e vestiti, vivono i nostri figli Francesco e Pietro. Poche volte ho il coraggio di entrare nelle loro camere, perché so già cosa mi aspetta: libri _________ il letto e _________ la porta, scarpe _________ il cestino* della carta, tazze e bicchieri _________ i dischi, vestiti _________ la tenda, la radio _________ l'armadio, giornali a terra _________ poltrone . . . .
Così, per non arrabbiarmi, chiudo la porta e ritorno _________ mia scrivania e parlo con Fifì, ma questo continua a dormire _________ il divano e lo scaffale.

ÜBUNG 16

Elisabetta ist mit der neuen Einrichtung ihrer Wohnung noch nicht ganz zufrieden. Sie möchte einiges umstellen. Was sagt sie zu ihrem Mann? Hier sind einige Verben, die Sie verwenden können.

allontanare *entfernen* – attaccare *aufhängen* – avvicinare *nähern*
mettere – portare – spostare *verschieben, verrücken*

- *Der Schreibtisch soll vor dem Fenster stehen, der Sessel kann auch neben der Tür stehen.*
- *Sie braucht eine zweite Lampe über dem Schreibtisch.*
- *Die Stühle sollen nicht alle um den Tisch stehen, sondern einer kann in der Ecke rechts stehen, ein zweiter zwischen Tür und Schrank.*
- *Den Fernseher möchte sie näher beim Tisch haben.*
- *Der braune Teppich soll verschoben werden, damit er auch unter den Schreibtisch reicht.*

ÜBUNG 17

Hier sind einige bekannte italienische Sprichwörter und Redewendungen. Gibt es etwas Entsprechendes in Ihrer Sprache? Nehmen Sie ein Wörterbuch zu Hilfe oder fragen Sie Ihren Kursleiter/Ihre Kursleiterin.

1 FRA IL DIRE E IL FARE C'È DI MEZZO IL MARE

2 A SAN BENEDETTO LA RONDINE SOTTO IL TETTO

3 METTERE IL CARRO DAVANTI AI BUOI

4 METTERE QUALCOSA SOTTO I DENTI

5 METTERE IL BASTONE FRA LE RUOTE

ÜBUNG 18–21 nach ESERCIZIO 18

ÜBUNG 18

Vervollständigen Sie den Text mit den folgenden Satzteilen. Erraten Sie mit Hilfe der Landkarte die Namen der fünf erwähnten Orte.

a due passi – al di là *jenseits, auf der anderen Seite* – a nord – a 8 km – a sud – a sud-ovest
in un'ora – nei dintorni *in der Umgebung*

Io abito a Lido Adriano. Il paese non è un granché e non è diverso dagli altri paesi __________, ma si trova in una posizione ideale, quasi sull'acqua; infatti la mia casa è __________ dal mare. Sulla costa*, __________ c'è ____?____, che ha una bella spiaggia, ma in estate c'è troppa gente! __________ da Lido Adriano c'è ____?____, famosa per i mosaici bizantini*. Molto vicino ci sono altre due città conosciute in tutto il mondo: __________ ____?____, la città sulla laguna e __________, __________ dell'Appennino, la città di Dante e Michelangelo, ____?____. E se voglio andare all'estero? In macchina arrivo __________ in una piccolissima repubblica: ____?____.

ÜBUNG 19

Vervollständigen Sie den Text mit dem "passato prossimo" *der in Klammern angegebenen Verben.*

Questa notte (io – fare) _________ un sogno* strano, forse perché ieri (io – studiare) _________ fino a tardi l'italiano o forse semplicemente perché (io – mangiare) _________ troppo. (io – viaggiare) _________ tutta la notte con Marco Polo!! Ma non (noi – andare) _________ in Cina, (noi – arrivare) _________ invece in Senegal, a casa di Falou Moundo. Là, in mezzo a tanti animali, c'era anche il lupo* di Cappuccetto Rosso e così dalla paura (io – cominciare) _________ a correre come mai in vita mia, sempre dietro a Marco Polo, e (noi – attraversare) _________ mezza Africa!
Improvvisamente (io – sentire) _________ delle voci:
– Ma come?! Ti (io – comprare) _________ una foglia di fico* in Europa! (essa – costare) _________ 950.000 lire! Così poi non (bastare) _________ i soldi per il ristorante e per pranzo (io – mangiare) _________ solo una mela!
– Lo so, caro! Il tuo regalo mi (piacere) _________ molto! Ma quest'anno vanno capi un po' più ampi . . . come queste foglie di palma*.
Non (noi – fermarsi) _________ ma (noi – camminare) _________ e camminato ancora. (noi-arrivare) _________ ad un lago – certo la sete per la cena della sera –; avrei bevuto volentieri un po' d'acqua, ma a Marco Polo non (piacere) _________ l'idea, forse perché in quel lago stavano nuotando tre donne e così mi (lui – dire) _________ :
– Quelle cercano marito! Le riconosci? Ti ricordi la fotografia del battesimo di Carlo? Sono le tre zie nubili! Ma io non mi chiamo Giacomo! . . . e poi non ho tempo per queste cose! Voglio andare in Cina!
Ed ancora (noi – camminare) _________ e camminato, (noi – attraversare) _________ oasi e deserti ed improvvisamente (io – vedere) _________ davanti a me una montagna e in alto c'era la neve.
– Quello è il Kilimangiaro, – mi (dire) _________ Marco Polo, – lassù si può sciare!
Ed infatti c'era tanta gente con gli sci. (io – guardare) _________ quelle persone: sì, le conoscevo, alcune molto bene, altre meno. Ma sì! Erano i personaggi del nostro libro di italiano! C'erano tutti: il cameriere Cesare fra Obelix e Asterix, la signora Merlo che parlava con l'insegnante di Luigi, Tell con una mela sul cappello, Casanova che voleva organizzare una festa per la sera e il marziano dell'albergo Marte, Giusy De Carlo con il figlio Marco . . . Anche loro mi (riconoscere) _________ e sembravano felici di rivedermi:
– Come stai? Ci (tu – mancare) _________ !, – mi (loro – dire) _________ . – Ora certamente sai parlare bene l'italiano, sei già alla lezione 13! Ma oggi è domenica, non c'è lezione, vieni, vieni con noi a sciare!
Sentendo la parola sciare, (io – svegliarsi) _________ subito! Che paura! Io non so sciare, mai (io – sciare) _________ , nemmeno in sogno!!

ÜBUNG 20

Giovanna beantwortet Elisabettas Brief gleich (Lehrbuch S. 117). Wird sie die Einladung annehmen? Entscheiden Sie selbst und schreiben Sie den Brief.

ÜBUNG 21

Ihr Nachbar/Ihre Nachbarin hat im letzten Sommer an einem Mosaik-Kurs in Ravenna teilgenommen. Fragen Sie ihn/sie,

- *wieviel der Kurs gekostet hat;*
- *wie er/sie angereist ist;*
- *ob es ihm/ihr gefallen hat;*
- *ob zwei Wochen gereicht haben, um die Technik zu lernen;*
- *ob er/sie in Ravenna die Kirchen mit ihren herrlichen Mosaiken gesehen hat;*
- *ob er/sie Zeit für einen Ausflug ans Meer gehabt hat;*
- *ob etwas gefehlt hat für eine bleibende Erinnerung.*

ÜBUNG 22 nach ESERCIZIO 21

ÜBUNG 22

1. Sie sind mit Ihrem Auto unterwegs. Leider sind die Scheibenwischer unbrauchbar und, wie es so oft geschieht, fängt es an zu regnen. Außerdem hatten Sie beim Starten Schwierigkeiten und der Auspuff erscheint Ihnen etwas zu laut. Endlich sehen Sie dieses Schild.

- *Können Sie auch Ihren Autotyp hier reparieren lassen?*
- *Welche der genannten Probleme kann diese Werkstatt beheben?*
- *Wie erklären Sie dem Automechaniker Ihr Problem?*
- *Bitten Sie nun den Mechaniker um baldige Erledigung und erklären Sie ihm den Grund Ihrer Eile.*

2. Sie fahren ziemlich schnell. Auf einmal sehen Sie dieses Schild.

- *Halten Sie an?*
- *Was erwartet Sie demnächst auf der Straße?*

3. Kurz vor der Kreuzung sehen Sie dieses Schild.

Was machen Sie, wenn die Ampel an der Kreuzung

- *grün zeigt,*
- *rot zeigt,*
- *blinkt,*
- *ausgeschaltet ist.*

Patrick EDLINGER

LA VITA SULLA PUNTA DELLE DITA

Nato nel 1960 a Tolone, in Francia, dove vive tuttora, Patrick ha cominciato a scalare pareti rocciose a 14 anni. Da allora ha trascorso tutti i suoi fine settimana e il suo tempo libero ad arrampicarsi. Dopo il liceo, ha deciso di abbandonare gli studi per dedicarsi completamente a questo sport, che era diventato per lui una passione esclusiva. Da allora ha scalato una parete rocciosa ogni giorno, regolarmente, fino ad essere riconosciuto come il numero uno dell'arrampicata libera.

Edlinger non è uno dei tanti che praticano uno sport alla ricerca di fama e denaro. Il suo fine è soprattutto quello di arrivare a una perfetta armonia tra le possibilità del corpo e l'equilibrio della mente. Per lui la potenza muscolare e il perfetto stato fisico devono accompagnarsi ad una grande concentrazione e persino all'eleganza dei movimenti sulla roccia. Patrick conosce e pratica lo yoga e lo confronta con l'arrampicata libera che, secondo lui, deve essere *fatta di potenza, di rilassamento e di tranquillità dello spirito.*

Economizzare i gesti, salire sulle pareti con un ritmo leggero e costante – raccomanda Edlinger, che non si accontenta di superare gli ostacoli, ma vuole anche farlo bene, per un'esigenza estetica.

Le sue straordinarie arrampicate sono il risultato di un costante, durissimo allenamento. Infatti trascorre undici mesi all'anno sulle pareti rocciose e si rilassa soltanto per un mese, in montagna e con gli sci ai piedi. *Il segreto delle mie conquiste* – dice lui – *consiste in un allenamento di sei ore al giorno, tutti i giorni.*

ÜBUNG 23

a) *Lesen Sie die Überschrift und schauen Sie sich das Bild an. Welche Sportart treibt Patrick Edlinger?*

b) *Welche körperlichen und geistigen Eigenschaften sind Ihrer Meinung nach bei dieser Sportart wichtig?*

ÜBUNG 24

Ordnen Sie den Adjektiven und Verben das jeweils passende Substantiv zu.

a) roccioso	1) il muscolo
b) arrampicarsi	2) la roccia
c) ricercare	3) l'arrampicata
d) muscolare	4) la tranquillità
e) rilassarsi	5) la ricerca
f) tranquillo	6) il rilassamento

ÜBUNG 25

Ordnen Sie den italienischen Wörtern die deutsche Entsprechung zu.

a) la passione	1) Geste, Bewegung
b) l'armonia	2) Kraft, Potenz
c) il corpo	3) Harmonie
d) l'equilibrio	4) Muskel
e) la potenza	5) Körper
f) il muscolo	6) ästhetisch
g) fisico	7) physisch, körperlich
h) il gesto	8) Gleichgewicht
i) estetico	9) Leidenschaft, Passion

ÜBUNG 26

Beantworten Sie folgende Fragen:

– Chi è Patrick Edlinger?

– Che cosa siginifica per Patrick Edlinger l'arrampicata libera?

– C'è qualcosa che vi interessa in modo particolare nel testo su Patrick Edlinger?

– Voi pratichereste questo sport? Perché?

LEZIONE 14

ÜBUNG 1–5 nach ESERCIZIO 4

ÜBUNG 1

Können Sie zu jedem Substantiv das entsprechende Adjektiv finden?

1. Bellezza .... bello
2. Egoismo ....
3. Intelligenza ....
4. Sensibilità ....
5. Conformismo ....
6. Energia ....
7. Arroganza ....
8. Disponibilità ....
9. Stravaganza ....
10. Simpatia ....
11. Timidezza ....
12. Gentilezza ....
13. Allegria ....
14. Individualismo ....
15. Antipatia ....
16. Silenzio ....

ÜBUNG 2

Wählen Sie drei Personen aus Ihrem Buch aus, und versuchen Sie, ihren Charakter zu beschreiben. Machen Sie sich ein paar Notizen und berichten Sie anschließend darüber.

ÜBUNG 3

Vervollständigen Sie die Dialoge mit den Präsensformen der Verben "sapere" *und* "potere".

1. ~ Cristina, __________ leggere il cinese?

≈ Sì, lo __________ leggere perché l'ho studiato all'Università, ma ora non __________ perché non ho gli occhiali.

2. ~ Signora, __________ ballare il tango?

≈ Ma certo che __________ ballarlo!

~ __________ invitarLa allora?

≈ Mi dispiace, ma non __________ accettare: mio marito è geloso* e io … __________ ballare solo con lui!

3. ~ Carlo, ________ chi ha detto "Io so di non sapere"?

≈ No, non lo ________, ma ________ domandare a Laura, lei __________ rispondere certamente alla tua domanda perché ________ sempre tutto. Ma perché lo vuoi sapere?

~ Perché non ________ completare il cruciverba* se non ________ chi ha detto "Io __________ di non sapere".

ÜBUNG 4

Setzen Sie die Sätze zusammen. Achten Sie darauf, daß in manchen Fällen auch mehrere Lösungen möglich sind. Wie wird "che" *jeweils ins Deutsche übertragen?*

1. Hai già visto il film
2. Quella è la ragazza
3. Dove sono i giornali
4. Sai chi è il signore
5. È questa la cravatta
6. Non mi piacciono le persone
7. Quanto costa il vestito
8. Ti do tutto quello
9. Hai già letto la lettera

CHE

a) ci ha scritto Luca?
b) parlano troppo.
c) ha vinto l'Oscar quest'anno?
d) ho comprato stamattina?
e) ho conosciuto a casa di Giulia.
f) abbiamo incontrato in ascensore?
g) vuoi regalare a papà?
h) è in vetrina?
i) ho.

ÜBUNG 5

Verbinden Sie die beiden Sätze jeweils mit "che".

Mi hanno regalato un gatto.
Il gatto si chiama Fifì.
Mi hanno regalato un gatto che si chiama Fifì.

1. Mi hanno regalato un gatto.
   Il gatto si chiama Fifì.
2. Ho avuto due biglietti per la partita di calcio dal dottor D'Ovidio.
   Ho incontrato il dottor D'Ovidio per caso stamattina al bar "Cicerone".
3. Ho letto un libro molto interessante.
   Un amico mi ha regalato questo libro per il mio compleanno.
4. Queste sono le gonne-pareo.
   Le gonne-pareo vanno di moda quest'anno.
5. Ho una vecchissima bicicletta.
   Mio padre mi ha regalato questa bicicletta quando avevo quattordici anni.
6. La piadina* è una specialità regionale.
   La piadina si mangia in Romagna.
7. Paolo è ritornato ieri da un lungo viaggio di lavoro.
   Questo viaggio l'ha portato in Canada e negli Stati Uniti.
8. Andiamo spesso a mangiare da "Alfredo".
   "Alfredo" ha una cucina raffinata e non è affatto caro.
9. Ho scritto una lunga lettera alla mia amica Anna.
   Non vedo Anna da molti anni perché vive con la sua famiglia in Kenia.
10. Domenica andiamo a trovare mia nonna.
    Mia nonna ha una bella casa in campagna con un grandissimo giardino.

ÜBUNG 6–9 nach ESERCIZIO 6

ÜBUNG 6

Bilden Sie zwei Gruppen. Eine Gruppe schreibt eine Liste von Verben, die andere eine Liste von Körperteilen (in beiden Fällen so viele wie möglich). Abwechslungsweise liest jede Gruppe ein Wort aus ihrer Liste vor, und die andere muß aus der eigenen Liste das entsprechende Verb bzw. den passenden Körperteil aussuchen. Verben und Körperteile können als Antwort auch mehrmals genannt werden. Es gewinnt die Gruppe, die die meisten Wörter geschrieben hat, für die die andere keine Entsprechung finden konnte.

ÜBUNG 7

Hier sehen Sie zwei Familiengruppen, von Malern aus zwei verschiedenen Epochen – Thomas Gainsborough (1727–1788) und Fernando Botero (1932–) – gemalt. Besprechen Sie mit Ihrem Nachbarn/Ihrer Nachbarin die Unterschiede.

ÜBUNG 8

Wie sollte Ihre Idealfrau/Ihr Idealmann sein? Füllen Sie die Karteikarte aus (beginnen Sie in der Mitte), und vergleichen Sie anschließend Ihr Ergebnis mit den anderen. Läßt sich auch ein Idealtypus für die ganze Gruppe finden?

ÜBUNG 9

a) *Ordnen Sie den italienischen Redewendungen die deutschen Entsprechungen zu.*

a) seine Nase in anderer Leute Angelegenheit stecken
b) etwas nachtragen
c) die Hände über dem Kopf zusammenschlagen
d) Das Wasser steht einem bis zum Hals.
e) kein Blatt vor den Mund nehmen
f) sich wundern
g) auf die Nerven fallen, langweilen
h) Es sind einem die Hände gebunden.
i) ganz Ohr sein
l) mit verbundenen Augen umhergehen
m) leer ausgehen

b) *Wählen Sie eine Redewendung aus und machen Sie damit einen kurzen Dialog.*

PER RIDERE UN PO'

– Ponzio Pilato viene subito, appena ha finito di lavarsi le mani!

ÜBUNG 10–12 nach ESERCIZIO 7

ÜBUNG 10

Vervollständigen Sie die Dialoge mit den folgenden Wörtern.

bene – benissimo – buono – cattivo – male – malissimo – meglio – meglio di tutti migliore – peggio – peggio di tutti – peggiore

Achtung: Jedes Wort kommt nur einmal vor.

1. ~ Bevo sempre il caffè al bar "Tazza d'Oro" perché è veramente ________________.
   ≈ Prima ci andavo anch'io, ora invece vado al "Roma" perché lì lo trovo ________________.

2. ~ Anna, qual è il contrario di "migliore"?
   ≈ Ma Charles!! Non l'hai ancora imparato? È ________________!

3. ~ Quest'anno purtroppo i miei ragazzi non vanno molto ________________ a scuola. E i tuoi?
   ≈ I miei? Un disastro! È vero che sono sempre andati ________________, ma quest'anno vanno veramente ________________!
   ~ Allora è ________________ parlare di altre cose!

4. ~ Come mai fai un corso di inglese? Tu lo parli ________________!
   ≈ Macché! Dovresti sentire gli altri a scuola, loro sì che lo sanno! Io lo parlo ________________!

5. ~ Prova un po' il mio pesce, a me sembra ________________, non mi piace proprio.
   ≈ Beh, proprio cattivo no, ma in questo ristorante in effetti si mangia sempre ________________.
   ~ La prossima volta andiamo da "Romolo e Remo": il locale non è un granché, ma loro due cucinano* ________________.

ÜBUNG 11

a) *Das konnte man auf einer Tafel vor einem Restaurant lesen.*
Wie finden Sie diese Art Werbung?

b) *Das ist ein bekanntes Sprichwort.*
Sind Sie damit einverstanden?
Begründen Sie Ihre Meinung.

ÜBUNG 12

Wie war das Leben früher? Wie ist es heute? Ist es besser oder schlechter geworden? Besprechen Sie Ihre Meinung mit Ihrem Nachbarn/Ihrer Nachbarin, und verwenden Sie dabei "meglio, peggio, migliore, peggiore". *Das Foto und die angegebenen Anhaltspunkte sollen eine Anregung für Sie sein.*

- qualità della vita
- tempo libero
- possibilità di viaggiare
- abbigliamento
- sport
- contatti sociali
- mezzi di trasporto
- qualità e varietà del cibo
- abitazione
- …

Oggi si vive meglio perché c'è più tempo libero, ci sono più possibilità di divertimento … Una volta la qualità della vita era peggiore perché non c'erano tante comodità, era difficile viaggiare …

ÜBUNG 13–14 nach ESERCIZIO 9

ÜBUNG 13

Übersetzen Sie den folgenden Dialog.

~ Störe ich dich?
≈ Aber nein, du störst überhaupt nicht *(non … affatto)*! Sag, was ist?
~ Ich wollte dir sagen, daß ich heute abend nicht in den Russisch-Kurs komme.
≈ Du kommst nicht? Aber was ist denn passiert? Fühlst du dich nicht wohl?
~ Nein, nicht sehr.
≈ Was hast du denn?
~ Ich weiß nicht … Ich habe starke Kopfschmerzen und bin sehr müde … Vielleicht habe ich etwas Fieber …
≈ Das tut mir aber leid! … Dann gehen wir auch nicht ins Kino!
~ Nein, leider nicht … Es tut mir wirklich leid …
≈ Schade! Aber mach dir keine Sorgen, wir können auch nächste Woche gehen …

LEZIONE 14

ÜBUNG 14

a) *Um was für Ärzte handelt es sich hier? Geben Sie die deutschen Bezeichnungen an, ggf. auch mit Hilfe eines Wörterbuchs.*

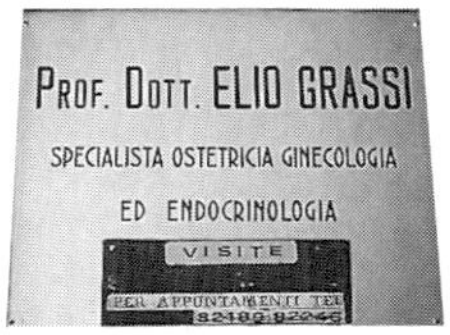

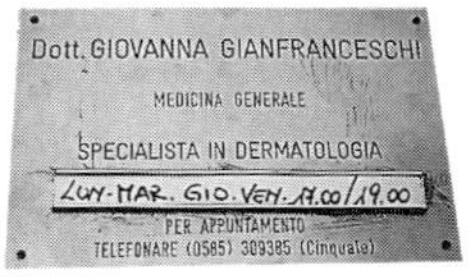

① ______________ ② ______________ ③ ______________ ④ ______________

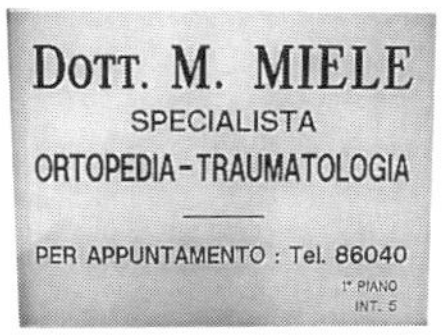

⑤ ______________ ⑥ ______________ ⑦ ______________ ⑧ ______________

b) *Hören Sie verschiedene Dialoge von der Cassette; bei allen Dialogen geht es um das Thema "Gesundheit". Sagen Sie, bei welchem Arzt die Leute wahrscheinlich waren bzw. zu welchem sie gehen sollten. Die folgenden Wörter, die Sie in den Dialogen hören werden, sind Ihnen noch nicht bekannt:*
dente del giudizio *Weisheitszahn*, rompersi *sich brechen*, vomitare *erbrechen.*

1. ______________ 2. ______________

3. ______________ 4. ______________

5. ______________ 6. ______________

ÜBUNG 15–17 nach ESERCIZIO 12

ÜBUNG 15

Fragen Sie sich gegenseitig, wann bzw. ob Sie folgendes getan haben. Verwenden Sie bei den Antworten die Pronomen "lo, la, li, le" *oder* "ne".

~ Ha/Hai visto l'ultimo film di Spielberg?
≈ Sì, l'ho visto la settimana scorsa. E Lei l'ha/tu l'hai visto?
~ Sì, l'ho visto anch'io, ma non mi è piaciuto.

1. vedere l'ultimo film di ...
2. comprare i regali per Natale
3. fare gli esercizi di ginnastica
4. fare la spesa
5. leggere il giornale
6. ascoltare il telegiornale*/giornale radio*
7. preparare la cena
8. fare la doccia
9. prendere della frutta
10. lavare i piatti

ÜBUNG 16

Formulieren Sie mit folgenden Angaben ca. fünf Aussagen über sich und/oder andere Leute. Setzen Sie dabei "potere, dovere, volere" *jeweils ins* "passato prossimo".

L'altro ieri non ho potuto giocare a tennis perché ho dovuto portare mio figlio dal medico.

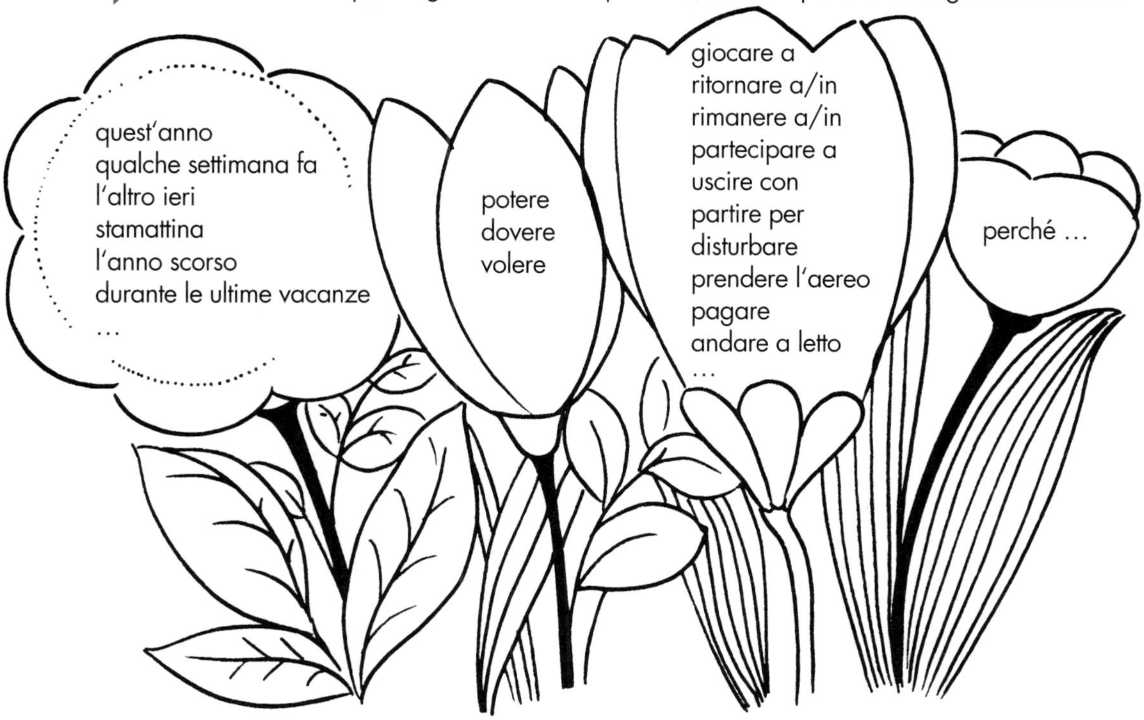

ÜBUNG 17

Vervollständigen Sie die Sätze mit den folgenden Redemitteln.

averle fatto – averli lasciati – essere dimagrito/a – averla offesa aver preso – aver fatto – avere svegliato – essermi preso/a

1. Oggi non sono stato molto gentile con Antonia; temo di ______________________.
2. La traduzione era molto difficile. Ho paura di ______________________ molti errori.
3. Ho mandato dei fiori alla signora Ugolini. Spero di ______________________ piacere.
4. Durante le vacanze ho cercato di mangiare di meno. Penso di ______________________ di tre chili.
5. Per vedere la mostra di Cézanne ho dovuto aspettare due ore sotto la neve. Spero di non ______________________ un raffreddore.
6. Non trovo più gli occhiali; temo di ______________________ in palestra.
7. Stamattina mi sono dovuto alzare molto presto; spero di non ______________________ nessuno.
8. Ho un forte mal di testa; credo di ______________________ troppo sole.

ÜBUNG 18–20 nach ESERCIZIO 16

ÜBUNG 18

Adverb oder Adjektiv? Ergänzen Sie.

1. facile — a) Non è ________________ vivere all'estero.
   b) Gianni è uno che si arrabbia ________________ .
2. sicuro — a) Fare troppo sport non fa ________________ bene.
   b) Per me l'unico metodo ________________ per dimagrire è mangiare di meno.
3. gentile — Con i clienti dovresti essere più ________________; soprattutto al telefono dovresti rispondere più ________________ alle loro domande.
4. difficile — a) Il sabato mattina ________________ si trova un parcheggio in centro.
   b) Alessandra è una persona ________________.
5. cattivo — Quando il vino costa poco è certamente ________________ e può anche far ________________.
6. tipico — a) C'è qualcosa di ________________ italiano secondo voi?
   b) Quando sono all'estero mi piace assaggiare* la cucina ________________ del luogo.
7. possibile — a) Vorrei una camera tranquilla, ________________ lontana dall'ascensore.
   b) Secondo voi, quale potrebbe essere una ________________ soluzione* dell'eterno conflitto tra uomo e donna?

ÜBUNG 19

a) *Was ist Ihnen an Ihrem Arbeitsplatz wichtig, was möchten Sie ändern? Bilden Sie Kleingruppen und ergänzen Sie die Angaben im Kasten mit weiteren Möglichkeiten. Benutzen Sie dabei ein Wörterbuch oder fragen Sie Ihre/n Kursleiter/in.*

Mi piacerebbe lavorare / lo lavoro:	in proprio *selbständig* – in una piccola azienda *Unternehmen* …
Sul lavoro dovrebbe contare / conta:	lo stipendio *Gehalt* – l'armonia con i colleghi …
Io lavoro / lavorerei volentieri:	a tempo pieno – mezza giornata …
Il mio lavoro è / dovrebbe essere:	interessante – faticoso …

b) *Vier Personen stellen sich hier mit ihren Visitenkarten vor: Können sie sich vorstellen, was sie von Beruf sind? Würden Sie einen dieser Berufe erlernen bzw. ausüben wollen? Sprechen Sie in Kleingruppen darüber.*

ÜBUNG 20

Eine Frau spricht über ihren Beruf. Hören Sie die Cassette, und versuchen Sie, folgende Fragen zu beantworten:

1. Qual è la sua professione?
2. Che cosa pensa della sua professione?
3. Che importanza hanno i libri per lei?

Wer diese Frau ist, erfahren Sie auf S. 161 dieses Buches.

ÜBUNG 21–24 nach ESERCIZIO 21

ÜBUNG 21

Kinder heute und gestern: Hat sich seit Ihrer Kindheit vieles verändert oder vielleicht doch nicht so vieles? Denken Sie an Freizeitgestaltung, Spiele, Kleidung, Schulweg, Schule, und formulieren Sie ca. sechs Sätze über die "damalige" Zeit. Beginnen Sie Ihre Aussagen folgendermaßen:

- A quell'età io ...
- Da bambino / bambina ... *als Kind*
- Quando ero piccolo / piccola ...
- "Ai miei tempi" ... *"Zu meiner Zeit"*
- Anch'io ...

"Ai miei tempi" i videogames non esistevano.
Anch'io a quell'età giocavo coi videogames.

ÜBUNG 22

Es gibt Leute, die schon immer wußten, was sie später mal tun würden. Andere hingegen ... Reden Sie in Kleingruppen darüber, wie es bei Ihnen war. Hier einige Redemittel:

Da bambina volevo "fare la mamma", a 15–16 anni, invece, la traduttrice e infatti dopo la maturità ho cominciato a studiare lingue. Un giorno ho accettato una supplenza* in un liceo. L'esperienza mi è piaciuta e così ho deciso di fare l'insegnante.

ÜBUNG 23

Bubu und Buba haben einige Tage auf der Erde verbracht. Zurück auf Mars, berichten sie von ihrer Reise. Übernehmen Sie die Rolle der beiden, und erzählen Sie anhand der Erinnerungsfotos, was sie gesehen und erlebt haben. Denken Sie daran, für Beschreibungen das "imperfetto" zu verwenden, für die eigentlichen Erlebnisse und Handlungen hingegen das "passato prossimo".

Il primo giorno siamo andati al mare. C'era tanta gente, ma nessuno era vestito normalmente, anzi, erano tutti vestiti molto poco. Alcuni ...

ÜBUNG 24

Pippo und Wanda haben sich Ende der Vierzigerjahre am Arbeitsplatz kennengelernt. Hören Sie von der Cassette, was sie über jene Jahre und Ihre Arbeit erzählen.

a) *Hören Sie die Cassette mehrmals und halten Sie die Punkte fest, die Sie für wichtig halten.*

Wanda	*Pippo*
______________________	______________________
______________________	______________________
______________________	______________________
______________________	______________________

b) *Bilden Sie Kleingruppen, vergleichen Sie die Resultate, und berichten Sie anschließend über das Gehörte.*

Giuseppe Tomasi di Lampedusa

IL GATTOPARDO

Lui, il Principe, intanto si alzava: l'urto del suo peso da gigante faceva tremare l'impiantito e nei suoi occhi chiarissimi si riflesse, un attimo, l'orgoglio di questa effimera conferma del proprio signoreggiare su uomini e fabbricati. Adesso posava lo smisurato Messale rosso sulla seggiola che gli era stata dinanzi durante la recita del Rosario, riponeva il fazzoletto sul quale aveva posato il ginocchio, e un po' di malumore intorbidò il suo sguardo quando rivide la macchiolina di caffè che fin dal mattino aveva ardito interrompere la vasta bianchezza del panciotto.

Non che fosse grasso: era soltanto immenso e fortissimo; la sua testa sfiorava (nelle case abitate dai comuni mortali) il rosone inferiore dei lampadari; le sue dita potevano accartocciare come carta velina le monete da un ducato; e fra villa Salina e la bottega di un orefice era un frequente andirivieni per la riparazione di forchette e cucchiai che la sua contenuta ira, a tavola, gli faceva spesso piegare in cerchio. Quelle dita, d'altronde, sapevano anche essere di tocco delicatissimo nel maneggiare e carezzare e di ciò si ricordava a proprio danno Maria Stella, la moglie ...

... I raggi del sole calante di quel pomeriggio di Maggio accendevano il colorito roseo, il pelame color di miele del Principe; denunziavano essi l'origine tedesca di sua madre, di quella principessa Carolina la cui alterigia aveva congelato, trent'anni prima, la corte sciattona delle Due Sicilie. Ma nel sangue di lui fermentavano altre essenze germaniche ben più incomode per quell'aristocratico siciliano nell'anno 1860, di quanto potessero essere attraenti la pelle bianchissima ed i capelli biondi nell'ambiente di olivastri e di corvini: un temperamento autoritario, una certa rigidità morale ...

ÜBUNG 25

Welche deutschen Wörter entsprechen den italienischen?

1. accartocciare	a) Stolz
2. alterigia	b) Meßbuch
3. andirivieni	c) Mißstimmung
4. macchiolina	d) Blick
5. malumore	e) streifen
6. Messale	f) zusammenrollen
7. orgoglio	g) Kommen und Gehen
8. origine	h) Herkunft
9. sfiorare	i) Hochmut
10. sguardo	l) kleiner Fleck

ÜBUNG 26

Suchen Sie im Text die Adjektive aus, die sich auf folgende Substantive beziehen:

1. andirivieni frequente
2. colorito __________
3. corte __________
4. ira __________
5. Messale __________
6. occhi __________
7. temperamento __________
8. tocco __________

ÜBUNG 27

Beschreiben Sie Aussehen und Charakter des Prinzen.

ÜBUNG 28

Beantworten Sie folgende Fragen:

1. In quale epoca, stagione e parte del giorno si svolge la scena?
2. Perché il Principe è di malumore?
3. Perché c'è un continuo andirivieni fra Villa Salina e la bottega di un orefice?
4. Quali sono le differenze fisiche fra il Principe e gli abitanti del posto?

ÜBUNG 29

Was wissen Sie über die politische Lage in Italien (und in Sizilien) in der Zeit um 1860?

LEZIONE 15

ÜBUNG 1 nach ESERCIZIO 3

ÜBUNG 1

Denken Sie an sich und/oder an Ihre Familie, und formulieren Sie mit jedem der links angegebenen Verben und Ausdrücke mindestens eine Aussage. Lassen Sie sich dabei auch von den restlichen Verben inspirieren.

ÜBUNG 2 nach ESERCIZIO 4

ÜBUNG 2

"Cambiare" *wird nicht immer mit* "wechseln" *wiedergegeben. Welche ist bei den folgenden Vokabeln die jeweils passende Übersetzung? Nehmen Sie ein Wörterbuch zu Hilfe.*

C	lavoro	____________
A	pettinatura	____________
M	vita	____________
B	casa	____________
I	treno	____________
A	idea	____________
R	canale	____________
E	marcia	____________

ÜBUNG 3–7 nach ESERCIZIO 7

ÜBUNG 3

Welche Verben verbinden Sie mit den einzelnen Zeichnungen? Bilden Sie Kleingruppen und schreiben Sie zu jeder Zeichnung ein Verb auf; dabei darf jedes Verb nur einmal vorkommen. Setzen Sie anschließend die Verben in die jeweils angegebene Person des Futurs. Es gewinnt die Gruppe, die innerhalb von vier Minuten die meisten richtigen Formen aufgeschrieben hat.

Io: leggerò, guarderò, …

ÜBUNG 4

Wie sehen Sie Ihre Zukunft? Bilden Sie einige Sätze, und beginnen Sie jeweils mit einem der folgenden Ausdrücke und Verben.

essere maggiorenne *volljährig* – essere grande – essere madre/padre
essere nonno/nonna – essere in pensione – avere … anni – avere dei figli/dei nipoti – lavorare
essere sposato – essere vecchio

Quando sarò maggiorenne mi comprerò una macchina.
Quando i miei figli saranno grandi avrò più tempo per me.

ÜBUNG 5

Folgendes wird demnächst auf Sie zukommen; was werden Sie tun? Fragen Sie sich gegenseitig und verwenden Sie dabei das Futur.

~ Riceverà/Riceverai la visita di una vecchia zia. Che cosa farà/farai?
≈ La inviterò a cena

1. (Ricevere) la visita di una vecchia zia.
2. (Arrivare) in albergo e la camera prenotata non (essere) più libera.
3. In un bar (vedere) un personaggio famoso che Lei/tu ammira/ammiri molto.
4. Qualcuno Le/ti (regalare) un serpente*.
5. Una persona sconosciuta La/ti (invitare) a passare un fine settimana a Parigi.
6. (Restare) senza macchina/senza bicicletta per un mese.
7. In treno (accorgersi*) di aver dimenticato i soldi.

ÜBUNG 6

MEDAFORCE. E AI TUOI CAPELLI LE STAGIONI NON FARANNO PIU' NE' CALDO, NE' FREDDO.

Die Werbung greift für ihre Versprechungen nicht selten zum Futur. Schreiben Sie für drei Produkte Ihrer Wahl einen kurzen Werbetext. Arbeiten Sie mit einem Wörterbuch und beginnen Sie Ihre Texte beispielsweise so:

– XY e ...
– Con XY ...
– Prendi/Usa/Metti/Bevi XY e ...

Bevi XY e ti sentirai in forma tutto il giorno!

Zu Lezione 14, Übung 20
La donna che parla della sua professione è Oriana Fallaci, giornalista e scrittrice.

ÜBUNG 7

Was kann Ihr Nachbar/Ihre Nachbarin über Ihre Vergangenheit, Gegenwart oder Zukunft sagen? Geben Sie ca. 5 Stichwörter an und lassen Sie ihn/sie damit jeweils eine Aussage formulieren. Berichtigen Sie evtl. die Behauptungen. Hier einige nützliche Zeitangaben:

~ Africa!
≈ È/Sei stato in Africa qualche anno fa.
~ Sì, è vero.

~ Casa!
≈ Fra qualche settimana cambierà/cambierai casa.
~ No, domani metterò in ordine la casa.

ÜBUNG 8–11 nach ESERCIZIO 10

ÜBUNG 8

"Buono" *wird bei Wünschen und Glückwünschen verwendet. Ergänzen Sie mit der jeweils passenden Form und geben Sie die deutsche Entsprechung an.*

Buon	Anno!	Frohes Neues Jahr!	______	giornata!	______
______	Feste!	______	______	vacanze!	______
______	compleanno!	______	______	fortuna!	______
______	Natale!	______	______	appetito!	______
______	Pasqua!	______	______	notte!	______
______	viaggio!	______	______	serata!	______

ÜBUNG 9

Was haben Sie in letzter Zeit Schönes bzw. Gutes gegessen, gekauft, gesehen oder ...? Sagen Sie es den anderen. Achten Sie dabei auf die Formen von "bello" *und* "buono".

Domenica ho fatto una bella passeggiata nel bosco.
Ieri mio marito ha preparato un buon risotto.

ÜBUNG 10

Gianni läßt die vergangene Woche Revue passieren. Wie sollte er die Adjektive setzen? Achten Sie auf die Endungen und verändern Sie evtl. die Artikel.

1. Ho incontrato alcune persone. (interessante)
2. Ho conosciuto un'italiana. (simpaticissimo, carino)
3. Ho parlato con il direttore. (nuovo)
4. Ho rotto il vaso di mio padre. (antico, cinese)
5. Ho finito di leggere il romanzo della Maraini. (ultimo)
6. Ho incontrato una donna. (meraviglioso)
7. Ho visto un film. (francese, ottimo)
8. Ho passato una serata con alcuni amici. (molto divertente, vecchio)
9. Ho comprato un paio di scarpe. (estivo, bianco)
10. Ho venduto la mia bicicletta. (blu, vecchio)

ÜBUNG 11

Bilden Sie zwei Gruppen. Gruppe A stellt eine erste Frage. Wurde sie von Gruppe B inhaltlich und sprachlich richtig beantwortet, stellt Gruppe B die nächste Frage, ansonsten fährt Gruppe A fort. Streichen Sie zur Kontrolle die bereits verwendeten Angaben durch.

CHE COSA È/SONO?

~~le Timberland~~
il Picolit
Chanel N°5
la Ferrari
Heidelberg
il Giardino di Boboli
"Il ragazzo della via Gluck"

CHI È/SONO?

Carla Fracci
i Beatles
Luchino Visconti
Louis Armstrong
i Marx Brothers
i Wiener Sängerknaben
gli azzurri

città/tedesco, bello
vino/buonissimo, bianco
disco/vecchio, molto conosciuto
~~scarpe/molto pratico, sportivo~~
macchina/lussuoso, sportivo
profumo/francese, famosissimo
parco/grande, molto bello

regista/bravissimo, italiano
ballerina/italiano, grande
squadra*/italiano, nazionale
attori/divertentissimo, comico
complesso rock/notissimo*, inglese
cantanti/austriaco, giovane
musicista jazz/americano, grande

ÜBUNG 12 nach ESERCIZIO 12

ÜBUNG 12

Erzählen Sie, was Sie auf den Bildern sehen. Drücken Sie sich mit "stare per ..." *aus.*

ÜBUNG 13–17 nach ESERCIZIO 15

ÜBUNG 13

Heben Sie bei folgenden Aussagen den unterstrichenen Satzteil hervor.

→ Domani scrivo <u>la lettera</u> a Maria.
La lettera a Maria la scrivo domani.

1. Domani scrivo <u>la lettera</u> a Maria.
2. Vado <u>a scuola</u> in bicicletta.
3. Prendo due chili <u>di mele.</u>
4. Non mi piace studiare <u>i verbi irregolari.</u>
5. Invito sempre <u>Carlo</u> perché è simpatico.
6. Trovo molto interessanti <u>le lingue straniere.</u>
7. Non trovo difficile <u>questa regola.</u>
8. Ho due <u>biciclette.</u>

ÜBUNG 14

Vier bekannte Persönlichkeiten aus der Vergangenheit werden hier vorgestellt. Tragen Sie die fehlenden Pronomen "lo, la, li, le, ci, ne" ein, und versuchen Sie, ihre Namen zu erraten.

1. Sposa un re di Francia, e precisamente Enrico II. A Parigi __________ va volentieri, ma __________ porta anche il suo cuoco* fiorentino perché, secondo lei, in Francia di cucina, e soprattutto di pesce, non __________ capiscono molto. **Chi è?** __________

2. In un primo tempo l'idea di affrescare* una cappella* per il Papa Giulio II non __________ trova molto interessante, ma poi ne è lui stesso affascinato* e in quella cappella __________ resta quattro anni, non solo di giorno, ma spesso anche di notte. Il lavoro fatto, ma non ancora finito, non __________ fa vedere a nessuno, nemmeno al Papa. La sua opera __________ vuole mostrare solo alla fine. Oggi i suoi affreschi __________ ammira tutto il mondo. **Chi è?** __________

3. Le navi per andare in India __________ riceve dalla regina di Spagna, ma in India non __________ arriva mai. La nuova terra che scopre non __________ chiameranno con il suo nome. **Chi è?** __________

4. Firenze, dove è nato, __________ deve lasciare per ragioni* politiche. A Ravenna __________ passa gli ultimi anni della sua vita e __________ trova la tranquillità per scrivere. Di versi* __________ scrive tantissimi. Di donne ... __________ ama una sola: Beatrice.
Chi è? __________

ÜBUNG 15

Tragen Sie die fehlenden Ordnungszahlen in das Kreuzworträtsel ein. Bei richtiger Lösung ergeben die markierten Kästchen ein bestimmtes Jahrhundert.

1. Agosto è l'**?** mese dell'anno.
2. Nel 1992 c'è stato il **?** anniversario della scoperta* dell'America.
3. La **?** sinfonia di Beethoven è forse la più conosciuta.
4. Si diventa maggiorenni al **?** anno di età.
5. Una volta si diventava maggiorenni al **?** anno di età.
6. Voi siete arrivati finalmente alla **?** lezione del libro!
7. Lunedì è il **?** giorno della settimana.
8. Molto tempo fa la lira era divisa in **?**.
9. Nel 1945 è finita la **?** Guerra Mondiale.

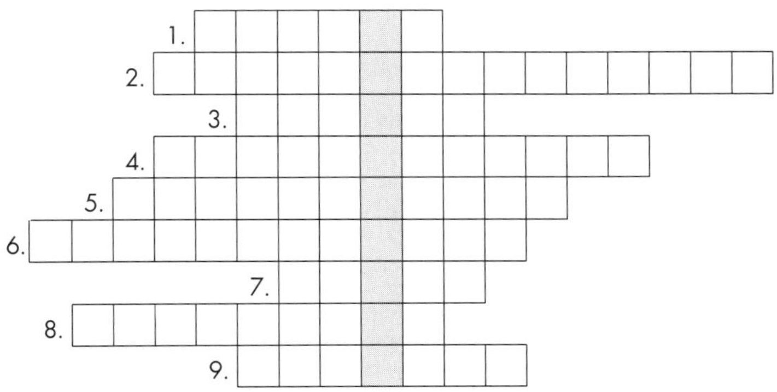

ÜBUNG 16

a) *Was bedeuten die folgenden Redewendungen? Wenn Sie nicht weiter wissen, nehmen Sie ein Wörterbuch zu Hilfe oder fragen Sie Ihre/n Kursleiter/in.*

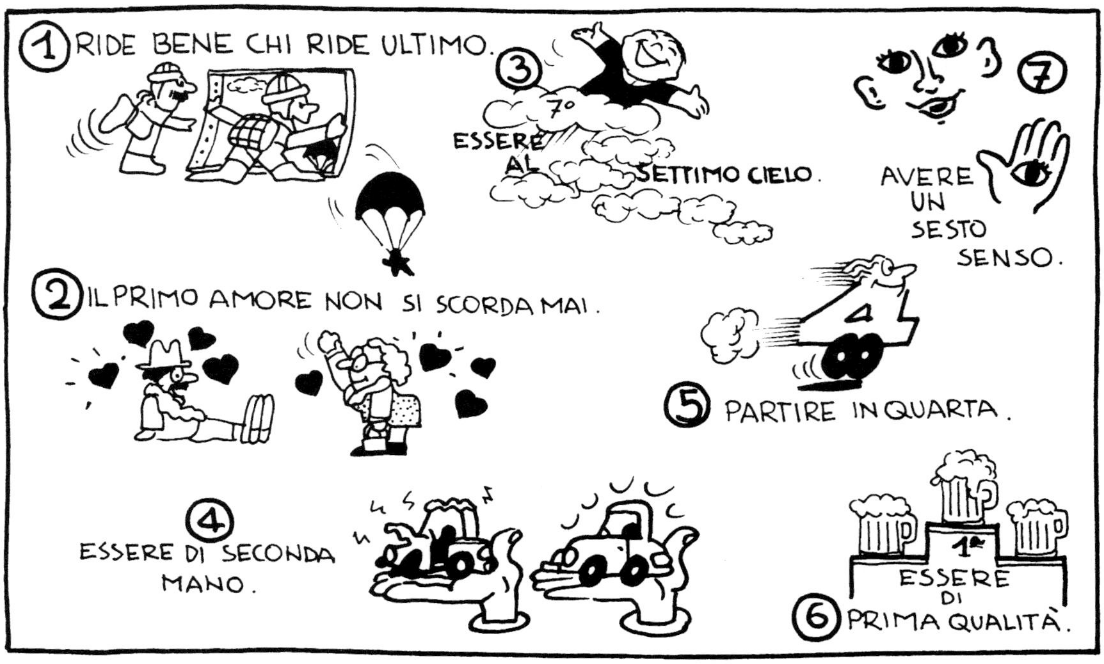

b) *Wählen Sie eine Redewendung aus und schreiben Sie damit eine kurze Geschichte (nicht länger als 4–5 Zeilen).*

ÜBUNG 17

Hören Sie jeweils den ersten Teil eines Dialogs auf der Cassette. Suchen Sie hier dann den passenden zweiten Teil.

- ☐ a) E per forza*! Tu ci proponi sempre cose impossibili!
- ☐ b) Sì, proprio tu! In cucina sei una catastrofe!
- ☐ c) Ma che idea originale! Magari le solite rose!
- ☐ d) Sì, per favore, e mi raccomando, dille anche di riportarmi il vocabolario perché ne ho bisogno.
- ☐ e) Non preoccuparti, sarò puntualissimo!
- ☐ f) A questo punto io me ne vado a letto: buona notte!
- ☐ g) Ma no, ci vorrebbe ancora qualcosa ... magari un cognac, un Fernet, un bicchiere di spumante ...
- ☐ h) Sì, bravo! Ma i giornali non li leggi? E il buco nell'ozono lo sai che cos'è?
- ☐ i) Ma che dici?! Con il caldo che fa in agosto vuoi vedere il Partenone?
- ☐ l) Uffa, sempre il solito film!
- ☐ m) Per carità! Quelle due antipatiche!

ÜBUNG 18–20 nach ESERCIZIO 17

ÜBUNG 18

Ersetzen Sie, dort wo eine Vermutung möglich ist, die Verbform durch das Futur.

1. ~ La macchina fa un rumore strano oggi! Che cos'è?
   ≈ È il motore*! Ha bisogno di un controllo*. Quando sei stato l'ultima volta dal meccanico*?
   ~ Mah! Forse sono due o tre mesi!

2. ~ Perché non rispondi al telefono? Non senti?
   ≈ Non ne ho voglia, forse è Marta! So che ieri è andata in centro a far spese e ora vuole raccontarmi cosa ha comprato!

3. ~ Ecco, adesso è tutto pronto. Mancano solo gli ospiti. Che ore sono?
   ≈ Circa le sette, penso ... Senti? Hanno suonato!
   ~ Allora sono loro. Puoi andare tu ad aprire, per favore?

4. ~ A me la pittura moderna non piace. Forse anche perché non la capisco. Guarda questo quadro, Gianni: una riga orizzontale blu e un gran punto rosso. Che cosa rappresenta*?
   ≈ Secondo me è un tramonto!
   ~ Un tramonto?! Io non lo vedo! Se lo chiedo al pittore* poi mi dice che non è importante quello che vedo, ma solo quello che provo!

5. ~ Marco e Daniela sono al mare già da tre settimane. Ma cosa fanno tutto il tempo? Io mi annoierei!
   ≈ Ma perché? Certamente si divertono, con tutto quello che offre il Club!

ÜBUNG 19

Was würden Sie gern über Ihre/n Kursleiter/in erfahren? Formulieren Sie drei Fragen und lassen Sie Ihren Nachbarn/Ihre Nachbarin dazu Vermutungen äußern. Tauschen Sie dann die Rollen. Ob Sie mit Ihren Vermutungen richtig liegen, sagt Ihnen dann Ihr/e Kursleiter/in.

~ Secondo te/Lei cosa farà la domenica sera il nostro/la nostra insegnante?
≈ Mah, forse andrà al cinema.

ÜBUNG 20

Pippo und Wanda haben Sie in der Lektion 14 des Arbeitsbuches kennengelernt. Er ist 65 Jahre alt und seit einigen Monaten in Rente. Wie er, zusammen mit seiner Frau Wanda, die kommenden Jahre gestalten will, hören Sie von der Cassette.

a) Che cosa pensa Pippo della sua vita da pensionato? *Sagen Sie es nach dem ersten Anhören und begründen Sie Ihre Meinung.*

b) Che cosa faranno e che cosa non faranno Pippo e Wanda? *Beantworten Sie diese Frage nach dem zweiten oder dritten Anhören.*

c) C'è qualcosa che vi ha colpito in modo particolare? Perché?

Giovanni Arpino

LA SUORA GIOVANE

– Vorrei tanto provare un cappello. Mi piacciono le donne coi cappelli. Non lo scopriranno, lo nasconderò qui. Ma voglio averlo. Se non costa troppo, se tu vuoi. Perché se non vuoi non lo voglio più nemmeno io.

– Te lo regalerò.

– Alla vigilia di Natale. Qui.

– Sì.

– Di': giuro.

– Giuro.

– Sei buono. Mi regalerai sempre qualcosa? Non dirai che pretendo troppo?

– No certo.

– Invece lo dirai. Mi dirai che sono noiosa, che non ti lascio in pace, che ti faccio spendere tanti soldi. Mio padre lo diceva sempre a mia madre, e sono solo contadini.

– A me non succederà.

– Ti annoierai.

– Tu ti annoierai. Sono vecchio.

– Non sei vecchio, non dirlo mai. Mi insegnerai tutto, e per questo ti annoierai, perché non so niente da sola. Capisci che non sono mai andata al cinema? Non so niente, niente.

– Imparerai tutto subito.

– E allora non vorrai più bene.

– Te ne vorrò.

– No, litigherai. Bevi?

– Quasi niente.

– Invece berrai e sarai ubriaco e non vorrai più bene. Mi dirai: lèvati dai piedi. L'ho sentito dire.

– Non te lo dirò.

– Oppure avrai mal di stomaco e sarai nervoso. Ma io ti curerò, ti preparerò panni caldi.

– Mi brucerai.

– Oh, no, li proverò prima col gomito.

– Mi faranno diventare tutto rosso.

– Ma così guarisci prima.

Da: *La suora giovane*, © Garzanti Editore, Milano 1985

ÜBUNG 21

Versuchen Sie, sich mit Hilfe Ihrer Phantasie vorzustellen, wer die zwei Personen in diesem Dialog sind, und beschreiben Sie sie.

ÜBUNG 22

Suchen Sie im Text die zu den folgenden Erklärungen passenden Verben.

1. trovare qualcosa ____________________
2. non andare d'accordo/ discutere a causa di opinioni diverse ____________________
3. aiutare una persona malata ____________________
4. recuperare/ritrovare la salute ____________________
5. accadere ____________________
6. non voler mostrare qualcosa ____________________
7. non divertirsi ____________________
8. promettere con sicurezza ____________________
9. volere assolutamente qualcosa ____________________
10. far male con fuoco o calore ____________________

ÜBUNG 23

Stellen Sie Ihrem Nachbarn/Ihrer Nachbarin sechs Fragen zu dem Text, die jeweils mit einem der folgenden Fragewörter beginnen:

Chi ...? – Che cosa ...? – Perché ...? – Come ...? – Quando ...? – Dove ...?

ÜBUNG 24

Wie könnte die Geschichte weitergehen?

LEZIONE 16

TANTI MODI PER DIRLO

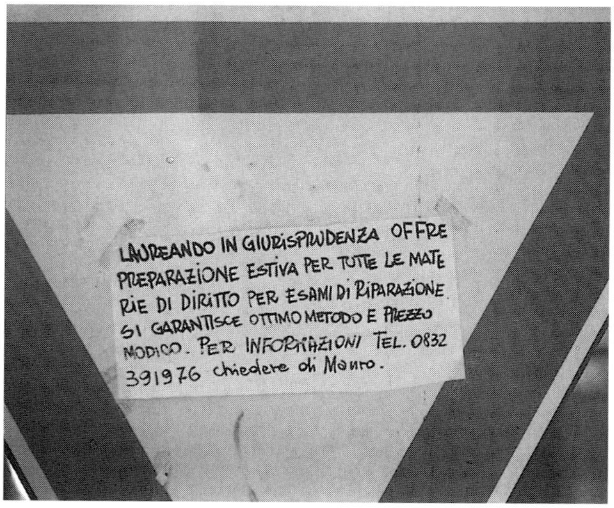

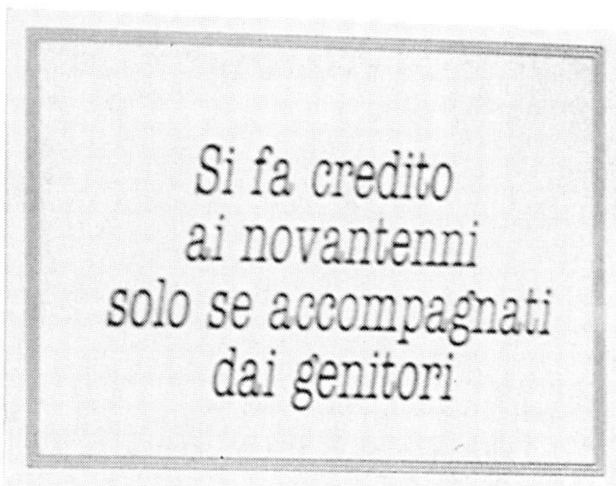

ROBERTO:
UN NOME COME TANTI,
UN RAGAZZO COME
POCHI

IL PLATANO
È
NETTATO
VIETATO
LORDARE
GRAZIE

GLI ADULTI
SONO PREGATI
DI
NON SALIRE!
SUI GIOCHI

SE BEVI
PER DIMENTICARE
SEI PREGATO
DI PAGARE
IN ANTICIPO

GRAMMATIKÜBERSICHT

Wichtige Strukturen aus CORSO ITALIA 1

Das Substantiv Il sostantivo/Il nome

§ 1 Das Geschlecht der Substantive Il genere dei sostantivi

Die italienischen Substantive sind entweder männlich (maskulin) oder weiblich (feminin). Sie enden fast alle mit einem Vokal.

m	un libr**o**	*ein Buch*	un mes**e**	*ein Monat*
f	una cas**a**	*ein Haus*	una nott**e**	*eine Nacht*

Substantive auf **-o:** im allgemeinen männlich
Substantive auf **-a:** im allgemeinen weiblich
Substantive auf **-e:** männlich oder weiblich

▸ Es gibt auch
- weibliche Substantive auf *-o*, z. B. un'auto, una foto, una mano *Hand,* una moto *Motorrad*
- männliche Substantive auf *-a*, z. B. un cinema *Kino,* un problema, un programma, un sistema, un telegramma; un collega, un giornalista *Journalist,* un pilota, un poeta
- Substantive auf *-i* und *-u*, z. B. una crisi, una gru *Kranich, Kran*
- Substantive, die mit Konsonant enden und männlich sind, z. B. un bar, un film

§ 2 Personenbezeichnungen

- **un ragazzo/una ragazza** *ein Junge/ein Mädchen*
  Viele Bezeichnungen auf *-o* und *-e* haben eine weibliche Form auf *-a:*
  amico/amica *Freund/Freundin,* signore/signora *Herr/Dame,* commesso/commessa *Verkäufer/in*
- **un insegnante/un'insegnante** *ein Lehrer/eine Lehrerin*
  Viele Bezeichnungen (meist auf *-ante, -ente, -ese, -ista*) haben für beide Geschlechter nur eine Form:
  cliente *Kunde/Kundin,* collega *Kollege/Kollegin,* giornalista *Journalist/in*
- **uno studente/una studentessa** *ein Student/eine Studentin*
  Einige Bezeichnungen haben eine weibliche Form auf *-essa:*
  professore/professoressa, dottore/dottoressa
- **un attore/un'attrice** *ein Schauspieler/eine Schauspielerin*
  Bezeichnungen auf *-tore* haben gewöhnlich eine weibliche Form auf *-trice:*
  traduttore/traduttrice *Übersetzer/in,* operatore/operatrice, autore/autrice

§ 3 Singular und Plural Singolare e plurale

	Singular		*Plural*	
m	il libr**o**	*das Buch*	i libr**i**	*die Bücher*
m	il mes**e**	*der Monat*	i mes**i**	
f	la nott**e**	*die Nacht*	le nott**i**	
f	la cas**a**	*das Haus*	le cas**e**	*die Häuser*

Substantive auf **-o** und **-e** haben im Plural die Endung **-i.**

Weibliche Substantive auf **-a** haben im Plural die Endung **-e.**

▸ Immer im Singular: la gente *Leute,* la roba *Sachen, Zeug,* l'uva *Weintrauben*
▸ Immer im Plural: i soldi *Geld,* gli spiccioli *Kleingeld,* gli occhiali *Brille,* i pantaloni *Hose*

§ 4 Besonderheiten beim Plural

- **il problema/i problemi, il giornalista/i giornalisti**
  Männliche Substantive auf *-a* haben im Plural die Endung *-i.*
- **la città/le città, il bar/i bar, la foto/le foto**
  Keine Pluralendung haben Substantive, die mit betontem Vokal oder mit Konsonant enden.
  Ebenso etliche Einzelwörter, z. B. auto, cinema, crisi, foto, garage, moto *Motorrad*
- **il negozio/i negozi, l'ufficio/gli uffici**
  Substantive auf *-io* haben im Plural nur einfaches *-i.*
  Betontes *-i-* bleibt jedoch erhalten: lo zio *Onkel*/gli zii
- **il parco/i parchi – l'amico/gli amici**
  Bei Substantiven auf *-co, -go, -ca, -ga* (z. B. parco *Park,* lago *See,* banca, riga *Zeile*) wird vor der Pluralendung ein *-h-* eingefügt, um den Laut [k] bzw. [g] zu erhalten.
  Etliche Substantive auf *-co* und *-go* sind davon ausgenommen, z. B.
  l'amico *Freund*/gli amici, il medico *Arzt*/i medici, lo psicologo/gli psicologi
- **l'arancia/le arance, la spiaggia/le spiagge**
  Substantive auf *-cia* und *-gia* enden im Plural auf *-ce* und *-ge,* wenn ein Konsonant vorangeht. In anderen Fällen bleibt das *-i-* meist erhalten: la camicia *Hemd*/le camicie, la valigia *Koffer*/le valigie (oder: valige), la bugia Lüge/le bugie
- **Einzelfälle:**
  - la mano *Hand*/le mani, l'uomo *Mann, Mensch*/gli uomini, l'arma *Waffe*/le armi
  - Singular männlich, Plural weiblich: un paio di scarpe *ein Paar Schuhe*/due paia, l'uovo *Ei*/le uova, il braccio *Arm*/le braccia, il ginocchio *Knie*/le ginocchia, il dito *Finger*/le dita, il labbro *Lippe*/le labbra, l'orecchio *Ohr*/le orecchie

§ 5 Substantive als Subjekt/Objekt

Dov'è **il signor Riva?** Cerco **il signor Riva.**	*Wo ist Herr Riva?* *Ich suche Herrn Riva.*	*(Wer? Was?)* *(Wen? Was?)*	Subjekt Direktes Objekt
Scrivo una lettera **a Maria/ al signor Riva.**	*Ich schreibe Maria/Herrn R. einen Brief.*	*(Wem?)*	Indirektes Objekt mit **a**

§ 6 Verbindungen mit Präpositionen

a

una foto **di** Rita *ein Foto von Rita* – la macchina **del** signor Riva *Herrn Rivas Auto*

Zugehörigkeit/Besitz wird mit der Präposition **di** ausgedrückt.

b

un chilo **di** mele *ein Kilo Äpfel* – una tazza **di** tè *eine Tasse Tee*

Bei Substantiven, die eine Menge/ein Maß bezeichnen (z. B. chilo *Kilo,* etto *100 Gramm,* litro *Liter,* pacco *Packung,* tazza *Tasse,* bicchiere *Glas,* bottiglia *Flasche*) wird das nachfolgende Substantiv mit **di** angeschlossen.
Ebenso bei **un po'** *etwas,* **milione, miliardo:**
un po' **di** sale *etwas Salz,* un milione **di** lire

c

mal **di** denti *Zahnweh* – una foto **a** colori *Farbfoto* – scarpe **da** tennis *Tennisschuhe*

Zwei Substantive werden meist durch die Präposition **di**, in bestimmten Fällen auch durch die Präpositionen **a** bzw. **da** verbunden. Einige Beispiele:

– una statua **di** marmo *Marmorstatue*, una camicetta **di** seta *Seidenbluse* *(Material)*
– una barca **a** vela *Segelboot*, una camera **a** due letti *Zweibettzimmer* *(Ausstattung)*
– occhiali **da** sole *Sonnenbrille*, la camera **da** letto *Schlafzimmer* *(Zweck/Bestimmung)*

Verbindungen ohne Präposition sind selten: il vagone letto *Schlafwagen*

Der Artikel L'articolo

§ 7 Unbestimmter und bestimmter Artikel L'articolo indeterminativo e determinativo

	Unbestimmter Artikel		Bestimmter Artikel			
	maskulin		*Singular*		*Plural*	
Vor Konsonant:	**un** libro	*ein Buch*	**il** libro	*das Buch*	**i** libri	*die Bücher*
Vor s + Konsonant:*	**uno** stadio	*ein Stadion*	**lo** stadio		**gli** stadi	
Vor Vokal:	**un** amico	*ein Freund*	**l'**amico		**gli** amici	
	feminin					
Vor Konsonant:	**una** casa	*ein Haus*	**la** casa	*das Haus*	**le** case	*die Häuser*
Vor Vokal:	**un'**idea	*eine Idee*	**l'**idea		**le** idee	

* Die Formen **uno, lo, gli** stehen vor männlichen Wörtern mit folgendem Anlaut:

– *s* + Konsonant (z. B. sport, studente, sciọpero *Streik*): uno sciopero
– *z, y, ps, gn:* uno zero *eine Null*, uno yogurt, lo psicọlogo, gli gnocchi *Klößchen*

Maßgebend für die Form des männlichen und des weiblichen Artikels ist der Anlaut des unmittelbar folgenden Wortes: **uno** studente – **un** altro studente *ein anderer Student*

§ 8 Präpositionen + bestimmter Artikel Le preposizioni articolate

Die Präpositionen **a, da, di, in, su** werden mit dem bestimmten Artikel zu einem Wort verbunden, z. B. a + l' = **all'**albergo *im/ins Hotel*, in + il = **nel** parco *im Park*

	il	lo	la	l'	i	gli	le
a	al	allo	alla	all'	ai	agli	alle
da	dal	dallo	dalla	dall'	dai	dagli	dalle
di	del	dello	della	dell'	dei	degli	delle
in	nel	nello	nella	nell'	nei	negli	nelle
su	sul	sullo	sulla	sull'	sui	sugli	sulle

▶ Die Präposition **con** wird gelegentlich mit den Artikelformen **il** und **i** verbunden:
con il padre/col padre *mit dem Vater*, con i fratelli/coi fratelli *mit den Brüdern*

§ 9 Gebrauch des bestimmten Artikels

- Come sta **il signor Rega/la signora Riva?** *Wie geht es Herrn Rega/Frau Riva?*
  Der bestimmte Artikel steht bei *signor(e)/signora/signorina* + Name, außer bei der Anrede:
  Come sta, signor Rega? *Wie geht es Ihnen, Herr Rega?* Buongiorno, signora (Riva).
  Ebenso bei Titel + Name: È Lei il dottor Neri?
- Conosci **l'Italia/la Sicilia?** *Kennst du Italien/Sizilien?*
  Der bestimmte Artikel steht bei Namen von Erdteilen/Ländern/Regionen/großen Inseln.
  Er entfällt für gewöhnlich nach der Präposition **in**: Andiamo in Italia/in Sicilia.
- Sono **le tre/le quattro/le cinque.** *Es ist drei Uhr/vier Uhr ...*
- Chiuso **il sabato/il lunedì.** *Samstags/Montags geschlossen.*
  Aber: Vengo sabato/lunedì. *Ich komme am (nächsten) Samstag/Montag.*
  La sera/Il pomeriggio esco spesso. *Abends/Nachmittags gehe ich oft aus.*
- Ecco **il mio indirizzo.** *Hier ist meine Adresse.* (s. Possessiva § 22)
- **Il blu/Il verde/Il giallo** ti sta bene. *Blau/Grün/Gelb steht dir gut.*
- Io non porto mai **i jeans/la cravatta.** *Ich trage nie Jeans/eine Krawatte. (Kleidungstyp)*
- **Ha i capelli lunghi/gli occhi scuri.** *Er hat lange Haare/dunkle Augen.*
  Der bestimmte Artikel steht bei *avere* + körperliches Kennzeichen. Ebenso bei sonstigen äußeren Merkmalen: Porta gli occhiali. *Er trägt eine Brille.*
- **C'è l'ascensore/il citọfono?** *Gibt es hier einen Aufzug/eine Sprechanlage?*
  Der bestimmte Artikel steht bei „Ausstattungsmerkmalen", d. h. Dingen, die in einem Haus(halt) für gewöhnlich nur einmal vorhanden sind bzw. als Errungenschaft betrachtet werden:
  Ce l'hai la macchina/il computer/il fax? *Hast du ein Auto ...?*
- Ti piace **il pesce**? Ti piacciono **le olive**? *Magst du Fisch/Oliven?*
  Der bestimmte Artikel steht bei Stoff- und Gattungsnamen.
- Suona **il violino/il pianoforte/la chitarra.** *Er spielt Geige/Klavier/Gitarre.*
- **Il russo/l'arabo/il cinese** è difficile. *Russisch/Arabisch/Chinesisch ist schwierig.*
- Ho **la febbre/la tosse/l'influenza.** *Ich habe Fieber/Husten/Grippe.*

§ 10 Der Teilungsartikel L'articolo partitivo

Der Teilungsartikel wird mit der Präposition **di** und dem bestimmten Artikel gebildet.

	Bestimmte Menge/Anzahl		Unbestimmte Menge/Anzahl	
Ho comprato ... *Ich habe gekauft ...*	un pane integrale un chilo di mele sei panini	*ein Vollkornbrot* *ein Kilo Äpfel* *sechs Brötchen*	**del** pane **delle** mele **dei** panini	*Brot* *Äpfel* *Brötchen*

Der Teilungsartikel bezeichnet eine nicht näher bestimmte Menge/Anzahl. Im Deutschen gibt es dafür keine Entsprechung (allenfalls Hilfsübersetzungen wie „etwas, einige"). Der Gebrauch des Teilungsartikels ist nicht in jedem Fall obligatorisch.

▸ Der Teilungsartikel wird auch in der Bedeutung „eine Art/Sorte ..." verwendet:
Lì hanno **del** pane buonissimo/un pane buonissimo. *Da gibt es (ein) sehr gutes/hervorragendes Brot.*
▸ Der Teilungsartikel fehlt für gewöhnlich
– in Aufzählungen: Ho comprato mele, pere e fichi. *... Äpfel, Birnen und Feigen.*
– nach Präpositionen: Ho bisogno di soldi. *Ich brauche Geld.*
– in verneinten Sätzen: Non ha amici. *Er hat keine Freunde.*

Adjektiv und Adverb L'aggettivo qualificativo e l'avverbio

§ 11 Übereinstimmung des Adjektivs mit dem Substantiv La concordanza

	Singular	*Plural*
m	uno studente italian**o**	studenti italian**i**
f	una studentessa italian**a**	studentesse italian**e**
m	uno studente olandes**e**	studenti olandes**i**
f	una studentessa olandes**e**	studentesse olandes**i**

Adjektive auf *-o* haben eine weibliche Form auf *-a*.
Im Plural wird *-o* zu *-i* und *-a* zu *-e*.

Adjektive auf *-e* haben für beide Geschlechter nur eine Form. Im Plural wird *-e* zu *-i*.

Die Adjektive richten sich in Geschlecht und Zahl immer nach den Substantiven/Personen, auf die sie sich beziehen, auch wenn sie beim Verb stehen:

Enzo è simpatic**o**.	Enzo e Rocco sono simpatic**i**.	Enzo e Eva sono simpatic**i**.
Eva è simpatic**a**.	Eva e Marta sono simpatich**e**.	

Adjektive, die sich auf Substantive/Personen verschiedenen Geschlechts beziehen, stehen in der männlichen Pluralform.

§ 12 Adjektive mit Besonderheiten

a Besonderheiten beim Plural

Für Adjektive auf *-co, -go, -io, -ista* gelten dieselben Regeln wie für Substantive (§ 4).

bianco:	sandali bian**chi**	*weiße Sandalen*	scarpe bian**che**	*weiße Schuhe*
simpatico:	colleghi simpati**ci**	*sympathische Kollegen*	colleghe simpati**che**	*sympathische Kolleginnen*
lungo:	capelli lun**ghi**	*lange Haare*	gonne lun**ghe**	*lange Röcke*
grigio:	capelli grig**i**	*graue Haare*	nuvole grigie/grige	*graue Wolken*
egoista:	tipi egoist**i**	*egoistische Typen*	persone egoist**e**	*egoistische Leute*

b Veränderliche/Unveränderliche Farbadjektive

- Veränderlich sind: bianco *weiß*, nero *schwarz*, rosso *rot*, verde *grün*, giallo *gelb*, grigio *grau*, azzurro *(himmel)blau*, celeste *(hell)blau*: **pantaloni neri/bianchi** *schwarze/weiße Hosen*
- Unveränderlich sind: blu *(dunkel)blau*, marrone *braun*, arancione *orange*, turchese *türkis*, beige, rosa, lilla, viola *violett*. (Bei *marrone* und *arancione* kommt auch die Pluralform auf *-i* vor.)
- Zusammensetzungen wie **verde chiaro** *hellgrün*, **verde scuro** *dunkelgrün*, **rosso fuoco** *feuerrot* sind unveränderlich: calze verde scuro *dunkelgrüne Strümpfe*

c buono, bello

- Das Adjektiv **buono** *gut* verhält sich vor männlichen Substantiven wie der unbestimmte Artikel (s. § 7): un **buon** libro, un **buono** stipendio *ein gutes Gehalt*, un **buon** albergo
- Das Adjektiv **bello** *schön* verhält sich vor männlichen Substantiven wie der bestimmte Artikel (s. § 7): un **bel** regalo/**bei** regali *ein schönes Geschenk/schöne Geschenke*,
  un **bello** specchio/**begli** specchi *ein schöner Spiegel/schöne Spiegel*, un **bell'**uomo
- Die weiblichen Formen **buona, bella** können vor Vokal apostrophiert werden:
  una **bella/bell'**idea

§ 13 Stellung des Adjektivs

Für die Plazierung des Adjektivs gibt es keine absoluten Regeln. Im allgemeinen gilt:

la cucina **italiana** una giacca **nera** un tạvolo **rotondo** un albergo **tranquillo** la mụsica **clạssica**	*die italienische Küche* *eine schwarze Jacke* *ein runder Tisch* *ein ruhiges Hotel* *klassische Musik*	Das Adjektiv steht meist nach dem Substantiv. Immer nachgestellt werden Adjektive, die ein markantes Unterscheidungsmerkmal (z. B. Nationalität, Farbe, Form) bezeichnen.
una **bella** macchina un **vecchio** film un **grande** museo *Aber:* una macchina molto grande *sehr groß* una macchina grande e cọmoda *bequem*	*ein schönes Auto* *ein alter Film* *ein großes Museum*	Einige Adjektive, z. B. *bello, buono, brutto, grande, piccolo, vecchio, giovane, bravo, lungo, breve kurz*, stehen meist vor dem Substantiv. Sie werden jedoch nachgestellt, wenn sie besonders betont werden oder wenn sie eine Beifügung erhalten.

▶ Bei einigen Adjektiven verändert sich je nach der Stellung die Bedeutung, z. B.
un negozio caro *teuer*, un caro amico *lieb*

§ 14 Steigerung des Adjektivs I gradi dell'aggettivo

1. Napoli è bella, ma Roma è **più bella**.	*Neapel ist schön, aber Rom ist schöner.*
2. È **la** città **più bella** del mondo. È **la più bella** città del mondo.	*Es ist die schönste Stadt der Welt.*
3. È una città **bellịssima**.	*Es ist eine sehr schöne/wunderschöne Stadt.*

1. Der Komparativ wird gebildet mit **più** *mehr* bzw. **meno** *weniger* vor dem Adjektiv:
   più caro *teurer* – meno caro *nicht so teuer/billiger*
2. Der relative Superlativ wird ausgedrückt durch den Komparativ mit dem bestimmten Artikel.
3. Der absolute Superlativ wird gebildet mit der Endung **-ịssimo** und drückt ohne Vergleich den sehr hohen Grad einer Eigenschaft aus.

Besondere Steigerungsformen

buono	migliore	*besser*	il migliore	*der beste*	ọttimo	*sehr gut, ausgezeichnet*
cattivo	peggiore	*schlechter*	il peggiore	*der schlechteste*	pẹssimo	*ganz schlecht*

Die regelmäßigen Steigerungsformen von **buono** (più buono, buonissimo) und das Adjektiv **cattivo** werden im allgemeinen nur in bezug auf Speisen/Getränke sowie den Charakter einer Person verwendet:
Questo gelato è buonissimo/ottimo. *Das Eis (hier) ist sehr gut/ausgezeichnet.*
In anderen Fällen verwendet man die Sonderformen:
Oggi il tempo è migliore. Heute ist das Wetter besser.
È un pessimo attore. *Er ist ein miserabler Schauspieler.*

§ 15 Das Adverb L'avverbio

Es gibt ursprüngliche Adverbien wie **qui** *hier*, **adesso** *jetzt*, **presto** *früh*, **tardi** *spät* und von Adjektiven abgeleitete Adverbien auf **-mente**:

tipico/tipica:	È un locale **tipicamente** sardo.	*Es ist ein typisch sardisches Lokal.*
veloce:	Maria impara **velocemente**.	*Maria lernt schnell.*

Die Endung **-mente** wird bei den Adjektiven auf *-o* an die weibliche Form, bei den Adjektiven auf *-e* an die unveränderte Form angehängt.

- Bei Adjektiven auf *-le* und *-re* entfällt der Endvokal:
  facile *leicht* – facilmente, regolare *regelmäßig* – regolarmente
- Sonderfall: leggero *leicht* – leggermente
- Adverbien werden wie Adjektive gesteigert:
  tardi *spät:* più tardi *später* tardissimo *sehr spät*
  facilmente: più facilmente
- Den Adjektiven **buono** und **cattivo** entsprechen die Adverbien **bene** und **male**:
  Sento bene/male. Ich höre *gut/schlecht.*
  Diese Adverbien haben besondere Steigerungsformen:

bene	meglio	*besser*	meglio di tutti	*am besten (von allen)*	benissimo	*sehr gut*
male	peggio	*schlechter*	peggio di tutti	*am schlechtesten*	malissimo	*sehr schlecht*

- Im Italienischen gibt es sehr viele adverbiale Ausdrücke, z. B.
  all'improvviso *plötzlich* a memoria *auswendig*
  in tempo *rechtzeitig* di solito *gewöhnlich*
  per caso *zufällig* in genere *im allgemeinen*

§ 16 Vergleichssätze La comparazione

Rocco è alto **come/quanto** suo padre.	*Rocco ist (eben)so groß wie sein Vater.*
Gina è più gentile **di** Maria/**di** te.	*Gina ist freundlicher als Maria/als du.*
Le banane sono meno care **delle** mele.	*Bananen sind billiger als Äpfel.*
Oggi fa più freddo **di** ieri.	*Heute ist es kälter als gestern.*
Meglio tardi **che** mai.	*Besser spät als nie.*
C'erano più signore **che** signori.	*Es waren mehr Damen als Herren anwesend.*
Fa meno caldo al mare **che** in città.	*Am Meer ist es nicht so heiß wie in der Stadt.*

Dem deutschen „als" in Vergleichssätzen entspricht **di**, wenn zwei Personen/Sachen in bezug auf eine Eigenschaft miteinander verglichen werden, ansonsten meist **che**.

- Roma ha **più di** tre milioni di abitanti. *Rom hat mehr als drei Millionen Einwohner.*
  Lucca mi piace **più di** Siena, ma *Lucca gefällt mir besser als Siena, aber*
  Firenze mi piace ancora **di più**. *Florenz gefällt mir noch besser.*

Pronomen Pronomi e aggettivi indicativi

§ 17 Personalpronomen im Überblick Pronomi personali

Betonte Formen			**Unbetonte Formen**	
Subjekt	Direktes Objekt	Indirektes Objekt	Direktes Objekt	Indirektes Objekt
io *ich*	me *mich*	a me *mir*	mi *mich*	mi *mir*
tu *du*	te *dich*	a te *dir*	ti *dich*	ti *dir*
lui *er*	lui *ihn*	a lui *ihm*	lo *ihn/es*	gli *ihm*
lei *sie*	lei *sie*	a lei *ihr*	la *sie*	le *ihr*
Lei *Sie*	Lei *Sie*	a Lei *Ihnen*	La *Sie*	Le *Ihnen*
noi *wir*	noi *uns*	a noi *uns*	ci *uns*	ci *uns*
voi *ihr/Sie*	voi *euch/Sie*	a voi *euch/Ihnen*	vi *euch/Sie*	vi *euch/Ihnen*
loro *sie*	loro *sie*	a loro *ihnen*	li *sie (m)* le *sie (f)*	gli *ihnen*
	sé *sich*	a sé *sich*	si *sich*	si *sich*

§ 18 Unbetonte Personalpronomen Pronomi personali atoni

Formen: s. § 17
– **Lo** und **la** werden vor den Formen von *avere* zu **l'**: L'ho visto. *Ich habe ihn gesehen.*
– **Lo** kann sich auch auf einen Sachverhalt beziehen: Non lo so. *Ich weiß es nicht.*

Gebrauch
Die unbetonten Personalpronomen werden in Verbindung mit dem Verb gebraucht:

Li conosco bene. *Ich kenne sie gut.* Non **mi** piace. *Es gefällt mir nicht.* Che cosa **le** hai detto? *Was hast du ihr gesagt?*	Unbetonte Personalpronomen stehen vor dem konjugierten Verb.
– Bisogna far**lo**. *Man muß es tun.* Arriveder**ci**. Auf Wiedersehen. – Compra**lo**! *Kauf es!* Riposate**vi**! *Ruht euch aus!* *Aber:* **Lo** compri! *Kaufen Sie es!* – Ecco**lo**. *Da ist er.* Ecco**ci**. *Da sind wir.*	Sie werden angehängt – an den Infinitiv – an den Imperativ (mit Ausnahme der *Lei*-Form, s. auch § 32) – an *ecco*
– Dovresti rilassar**ti**./**Ti** dovresti rilassare. *Du solltest dich entspannen.* – Non disturbar**mi**!/Non **mi** disturbare! *Störe mich nicht!*	Beide Konstruktionen sind möglich – bei *dovere/potere/volere* + Infinitiv – beim verneinten Imperativ der Du-Form

Ebenso bei Ausdrücken wie *andare/venire/passare a prendere abholen:*
Passo a prender**ti**./**Ti** passo a prendere alle 8. *Ich hole dich um 8 Uhr ab.*

Anmerkungen
- Im Plural wird anstelle von **gli** *ihnen* gelegentlich (nachgestelltes) **loro** verwendet:
  Gli ho detto/Ho detto loro di venire. *Ich habe ihnen gesagt, sie sollen kommen.*
- Im Plural wird als besonders formelle Anredeform die 3. Person Plural verwendet:
  Signori, Li posso accompagnare? Signore, Le posso accompagnare? *Darf ich Sie begleiten?*
  Signori/Signore, posso offrire Loro un aperitivo? *Darf ich Ihnen einen Aperitiv anbieten?*

§ 19 Betonte Personalpronomen — Pronomi personali tonici

Formen: s. § 17

Gebrauch
Die betonten Personalpronomen können allein oder beim Verb stehen.

1. Die Subjektformen **io, tu, lui** usw. verwendet man
   - ohne Verb: Chi vuole un caffè? – **Io.** *Wer will einen Kaffee? – Ich.*
   - beim Verb nur zur Hervorhebung der Person: Fai **tu** il caffè? – *Machst du den Kaffee?*
     Lei è tedesca, **lui** inglese. *Sie ist Deutsche, er Engländer.*
     Sonst werden sie weggelassen. Siete tedeschi? *Seid ihr Deutsche?*
2. Die betonten Objektformen **me, te, lui** usw. verwendet man
   - zur Hervorhebung der Person in Sätzen mit/ohne Verb:
     Conosci i Rota? – Conosco **lui**, **lei** no. *Ihn kenne ich, sie aber nicht.*
     Vi piace la festa? – **A me** sì. – **A me** no. *Mir nicht.*
   - nach Präpositionen (z. B. *da, di, per, con*):
     per te *für dich*, **con me** *mit mir*, **senza di lui** *ohne ihn*, **dopo di Lei** *nach Ihnen*

- Betonte Personalpronomen stehen auch nach *anche auch, neanche auch nicht, solo nur, sempre immer, proprio gerade/ausgerechnet:*
  Vengo anch'**io**. *Ich komme auch mit.* Vorrei invitare solo **te**. *… nur dich*
- Abweichend vom Deutschen verwendet man in bestimmten Fällen Objektformen:
  Non fare come **me**. *Mach es nicht wie ich!*
  Pia è più gentile di **te**. *… freundlicher als du.*
  Beata **te**! *Du Glückliche!*

§ 20 Ne, ci

1. **Ne** bezieht sich auf zuvor genannte Sachen/Sachverhalte/Personen und bedeutet „davon" bzw. „dazu":
   Ancora un po' di caffè? – No grazie, **ne** ho già bevuto troppo.
   Noch etwas Kaffee? – Nein danke, ich habe schon genug (davon) getrunken.
   Non ho francobolli. Tu **ne** hai? – Mi dispiace, non **ne** ho neanch'io.
   Ich habe keine Briefmarken. Hast du welche? – Tut mir leid, ich habe auch keine.
   Hai voglia di andare al cinema stasera? – No, oggi non **ne** ho voglia.
   Hast du Lust, heute abend ins Kino zu gehen? – Nein, heute habe ich keine Lust (dazu).
2. **Ci** bezieht sich auf zuvor genannte Ortsbestimmungen bzw. sonstige Ergänzungen mit **a** und bedeutet „da(hin), dort(hin), daran":
   Vai spesso a Siena/in Italia? – Sì, **ci** vado due volte all'anno.
   Fährst du oft nach Siena/nach Italien? – Ja, ich fahre zweimal im Jahr (dort)hin.
   Pensi ancora alle vacanze? – No, non **ci** penso più. *Ich denke nicht mehr daran.*

- Für die Stellung von **ne** und **ci** gelten dieselben Regeln wie für die unbetonten Personalpronomen (vgl. § 18). Beispiele:
  Cosa **ne** pensi? *Was hältst du davon?/Was meinst du (dazu)?*
  Prẹndi**ne** pure! *Nimm ruhig (davon)!* Andiamo**ci**! *Gehen wir hin!*
  Devo andar**ci**./**Ci** devo andare. *Ich muß hingehen.*

§ 21 Demonstrativa Pronomi e aggettivi dimostrativi

Pronomen: È **questa** la tua valigia? – No, la mia è **quella** là.
Ist das dein Koffer? – Nein, (meiner ist) der dort.

questo	*dieser, der (hier), das*	questi	quello	*der (dort)*	quelli
questa	*diese, die (hier), das*	queste	quella	*die (dort)*	quelle

Questo verweist auf Sachen/Personen in unmittelbarer Nähe.
Quello verweist auf Sachen/Personen, die vergleichsweise weiter entfernt sind.

- Bei Gegenüberstellungen verwendet man zuerst **questo**, dann **quello**:
  Queste (scarpe) sono comode, ma **quelle** sono più belle.
  Die (Schuhe) hier sind bequem, aber die anderen sehen besser aus.
- **Quello** wird auch als Ersatz für ein zuvor genanntes Substantiv gebraucht:
  Qual è la tua valigia? – **Quella** rossa. *Welches ist dein Koffer? – Der rote.*

Adjektiv: Come mi sta **questa** giacca? – Bene. *Wie steht mir die/diese Jacke?*
Quanto costa **quella** giacca che è in vetrina? ... *die Jacke im Schaufenster*
quel vestito che è in vetrina? ... *das Kleid im Schaufenster*

Quello verhält sich vor dem Substantiv wie der bestimmte Artikel (vgl. § 7):
quel vestito/quei vestiti, quello scialle/quegli scialli, quell'abito/quegli abiti

Questo wird vor Vokal oft apostrophiert: quest'anno *dieses Jahr*

§ 22 Possessiva Pronomi e aggettivi possessivi

Adjektiv: È questa **la tua** valigia? *Ist das dein Koffer?*
Pronomen: No, **la mia** è quella là. *Nein, meiner steht dort.*

m	*Singular*	*f*	*m* Plural	*f*
il mio cane	*mein Hund*	la mia valigia	i **miei** amici	le mie valigie
il tuo	*dein*	la tua	i **tuoi**	le tue
il suo	*sein, ihr/Ihr*	la sua	i **suoi**	le sue
il nostro	*unser*	la nostra	i nostri	le nostre
il vostro	*euer/Ihr*	la vostra	i vostri	le vostre
il loro	*ihr*	la loro	i loro	le loro

- Die Possessiva haben gewöhnlich den bestimmten Artikel bei sich. Sie richten sich in Geschlecht und Zahl nach dem Substantiv, das den Besitz bezeichnet; nur **loro** bleibt unverändert.
- **Suo** bezieht sich auf nur einen (männlichen oder weiblichen) Besitzer; bei mehreren Besitzern verwendet man **loro**.
- Bei der höflichen Anrede verwendet man
  – gegenüber einer Person die Formen von **suo**: Ecco **la Sua** camera. Hier ist Ihr Zimmer.
  – gegenüber mehreren Personen die Formen von **vostro** oder (sehr formell) **Loro**:
  Ecco **la vostra/la Loro** camera.

Besonderheiten bei Possessiva

- Bei Verwandtschaftsbezeichnungen im Singular stehen Possessiva ohne Artikel:
  mio padre *mein Vater,* **tua** madre *deine Mutter,* **mio** marito *mein Mann,* **nostro** figlio *unser Sohn*
  Der Artikel steht jedoch immer
  – bei **loro**: **la loro** figlia *ihre Tochter*
  – bei Verwandtschaftsbezeichnungen im Plural: **i nostri** figli *unsere Kinder*
  – bei einigen familiären Bezeichnungen: **la mia** mamma, **il tuo** babbo/papà
  – bei Bezeichnungen mit einer Beifügung: **il nostro** figlio maggiore *unser ältester Sohn*

- Possessiva stehen ohne Artikel
  – bei der Anrede: Mia cara Anna, … *Meine liebe Anna, …*
  – in einigen Wendungen: Mamma mia! *Du meine Güte!* a casa mia/tua *bei mir/dir (zu Hause)*

§ 23 Das Relativpronomen „che" Il pronome relativo „che"

Il signore La signora	**che** abita al primo piano …	*Der Herr, der im ersten Stock wohnt …* *Die Dame, die …*
Il maglione Le scarpe	**che** ho comprato ieri …	*Der Pullover, den ich gestern gekauft habe …* *Die Schuhe, die …*

Das Relativpronomen **che** steht für Sachen/Personen im Singular und Plural. Es wird als Subjekt und als direktes Objekt gebraucht.

▸ Beachten Sie folgende Verbindungen mit **quello**:
  – Fotografo **(tutto) quello che** mi piace. *Ich fotografiere alles, was mir gefällt.*
  – Ecco le foto! – Ci sono anche **quelle che** hai fatto in Africa? *… diejenigen, die …*

§ 24 Interrogativa Pronomi e aggettivi interrogativi

- **Chi** lo sa? *Wer weiß es?* Chi cerca? *Wen suchen Sie?* A chi pensi? *An wen denkst du?*

- **Che cosa** fai? *Was machst du?* Che cos'è? *Was ist das?* A che cosa pensi? *Woran denkst du?*
  In der Umgangssprache wird oft nur **che** oder **cosa** verwendet:
  Che vuoi? *Was willst du?* Cosa ne pensi? *Was hältst du davon?*

- **Che** cassetta è questa? *Was ist das für eine Cassette?* Che tempo fa? *Wie ist das Wetter?*
  Che treno prendi? *Welchen Zug nimmst du?*

- **Quale** treno prendi? *Welchen Zug nimmst du?* Quali parole italiane conoscete?
  Alcuni musei sono chiusi. – Quali? *Einige Museen sind geschlossen. – Welche?*
  Qual è la tua valigia? *Welches ist dein Koffer?*

- **Quanto** costa? *Wieviel/Was kostet es?* Quant'è? *Was macht das?*
  Vorrei cambiare dei marchi. – Quanti? *Ich möchte D-Mark wechseln. – Wieviel?*
  Quanti figli ha? *Wie viele Kinder haben Sie?*

Anmerkung
Che und **quanto** werden auch in Ausrufen gebraucht:
Che bello! *Wie schön!*
Che bella giornata! *Was für ein schöner Tag!*
Quanta gente! *Wie viele Leute!*

§ 25 Indefinita Pronomi e aggettivi indefiniti

a Molto, poco, tanto, troppo

Pronomen	Adjektiv	
Ancora un po' d'insalata? – Sì grazie, ma non **troppa**. *... aber nicht zuviel.*	Mangio **poca** carne. *... wenig Fleisch.*	Conosco **tanta** gente. *... viele Leute.*
Quante persone ci sono? – **Molte**! *Wie viele Leute sind da? – Viele!*	Ho **molti** amici. *... viele Freunde.*	Ci sono **troppi** turisti. *... zu viele Touristen.*

Molto/poco/tanto/troppo sind als Pronomen/Adjektive veränderlich.
Als Adverbien sind sie unveränderlich: L'insalata è **molto** buona. *... sehr gut.*

b Alcuni, qualche, tutto, ogni, nessuno

Pronomen	Adjektiv
Hai scritto ai colleghi? – Ad **alcuni** sì. *Einigen ja.*	Ho bisogno di **alcune** informazioni. *Ich brauche einige Informationen.*
	Ho bisogno di **qualche** informazione. *Ich brauche einige Informationen.* Ho invitato **qualche** amico/**qualche** amica. *Ich habe ein paar Freunde/Freundinnen eingeladen.*
Hai sbrigato **tutto**? *Hast du alles erledigt?* Hai invitato **tutti**? *Hast du alle eingeladen?*	Lavoro **tutto il** giorno/**tutta la** settimana. *... den ganzen Tag/die ganze Woche.* Vengono **tutti i** miei amici/**tutte le** mie amiche. *... alle meine Freunde/Freundinnen.* Telefona **tutti i** giorni. *... jeden Tag.*
	Telefona **ogni** giorno/**ogni** sera. *... jeden Tag/jeden Abend.* L'autobus passa **ogni** 10 minuti. *alle 10 Minuten.*
Oggi non è venuto **nessuno**. *Heute ist niemand gekommen.*	Non ho trovato **nessun** taxi. *Ich habe kein (einziges) Taxi gefunden.* Non c'è **nessuna** discoteca.

c Qualcuno, qualcosa, niente

Hai incontrato **qualcuno**? – No./No, non ho incontrato nessuno. (Zur Verneinung vgl. § 45)
Hast du jemanden getroffen? – Nein./Nein, ich habe niemanden getroffen.

Hai comprato **qualcosa**? – No, **niente**./No, non ho comprato niente.
Hast du etwas gekauft? – Nein, nichts./Nein, ich habe nichts gekauft.

▶ qualcosa/niente **di** + Adjektiv: Hai visto qualcosa **di** interessante? *... etwas Interessantes*
qualcosa/niente **da** + Verb: Non ho niente **da** fare. *... nichts zu tun*

Das Verb Il verbo

§ 26 Das Präsens Il presente

Die Verben werden nach der Endung des Infinitivs in drei Konjugationen eingeteilt:

	Verben auf: -are		-ere	-ire	
Infinitiv	lavorare *arbeiten*		prendere *nehmen*	sentire *hören*	capire *verstehen*
(io)	lavor**o**	*ich arbeite*	prendo	sento	cap**isc**o
(tu)	lavor**i**	*du arbeitest*	prendi	senti	cap**isc**i
(lui/lei/Lei)	lavor**a**	*er/sie arbeitet, Sie arbeiten*	prend**e**	sent**e**	cap**isc**e
(noi)	lavor**iamo**	*wir arbeiten*	prendiamo	sentiamo	capiamo
(voi)	lavor**ate**	*ihr arbeitet, Sie arbeiten*	prend**ete**	sent**ite**	capite
(loro)	lav**orano**	*sie arbeiten*	prend**ono**	sent**ono**	cap**isc**ono

▸ Die Personalpronomen **io, tu** usw. werden beim Verb gewöhnlich weggelassen; man braucht sie nur zur Hervorhebung der Person (vgl. § 19): Io prendo un caffè, e tu?

▸ Bei der höflichen Anrede verwendet man
- gegenüber einer Person die **Lei**-Form: (Lei) che cosa prende? *Was nehmen Sie?*
- gegenüber mehreren Personen die **Voi**-Form: (Voi) che cosa prendete? *Was nehmen Sie?* oder (sehr formell) die **Loro**-Form: Che cosa prendono?

Anmerkungen
- Verben auf **-ere** werden im Infinitiv teils auf dem Stamm, teils auf der Endung betont: prendere *nehmen*, vivere *leben* – vedere *sehen*
- Bei den Verben auf **-ire** gibt es zwei Gruppen:
  Verben vom Typ **sentire**: dormire *schlafen*, aprire *öffnen*, partire *abreisen*
  Verben vom Typ **capire** mit der Stammerweiterung **-isc-**: finire *(be)enden*, preferire *vorziehen*
- Etliche Verben auf **-are** werden im Singular auf der drittletzten Silbe und in der 3. Person Plural auf der viertletzten Silbe betont, z. B. *abitare, telefonare, fotografare:*
  abito, abiti, abita … abitano; telefono, telefoni, telefona … telefonano
- Zu Verben auf **-care** und **-gare** (z. B. *cercare, pagare*) vgl. § 50.

Die Verben „essere" und „avere"

	essere	*sein*	avere	*haben*
(io)	sono	*ich bin*	ho	*ich habe*
(tu)	sei	*du bist*	hai	*du hast*
(lui/lei/Lei)	è	*er/sie ist, Sie sind*	ha	*er/sie hat, Sie haben*
(noi)	siamo	*wir sind*	abbiamo	*wir haben*
(voi)	siete	*ihr seid, Sie sind*	avete	*ihr habt, Sie haben*
(loro)	sono	*sie sind*	hanno	*sie haben*

Weitere unregelmäßige Verben vgl. § 51.

§ 27 Das Passato prossimo

Stamattina **sono andato** alla stazione e **ho comprato** i biglietti.	*Ich **bin** heute morgen zum Bahnhof **gegangen** und **habe** die Fahrkarten **gekauft**.*

Das Passato prossimo setzt sich zusammen aus einem Hilfsverb – entweder *avere* oder *essere* – und dem Partizip Perfekt des jeweiligen Verbs.

Bildung des Partizip Perfekt

Infinitiv:	andare	*gehen*	avere	finire
Partizip:	and**ato**	*gegangen*	av**uto**	fin**ito**

Verben mit unregelmäßigem Partizip Perfekt vgl. § 51

Bildung des Passato prossimo

avere + Partizip		essere + Partizip		
			m	*f*
ho	mangiato	sono	andat**o**	andat**a**
hai		sei		
ha		è		
abbiamo		siamo	andat**i**	andat**e**
avete		siete		
hanno		sono		

1. Die meisten Verben bilden das Passato prossimo mit **avere**; dabei bleibt das Partizip unverändert.*
2. Eine Reihe von Verben bildet das Passato prossimo mit **essere**; dabei richtet sich das Partizip in Geschlecht und Zahl nach dem Subjekt: Maria e Lisa sono andat**e** a casa.

* Das mit **avere** verbundene Partizip wird nur verändert, wenn dem Verb ein direktes Objekt in Form der Personalpronomen **l'** (= **lo/la**), **li**, **le** oder **ne** vorangeht:
Hai visto Rita? – Sì, **l'**ho vist**a** ieri. *Ja ich habe sie gestern gesehen.*
Quante foto hai fatto? – **Ne** ho fatt**e** tante. *Ich habe sehr viele (davon) gemacht.*
Bei **mi, ti, ci, vi** ist die Übereinstimmung fakultativ: Ci hanno visto./Ci hanno visti. *Sie haben uns gesehen.*

Gebrauch der Hilfsverben

Die Verwendung von **essere** und **avere** entspricht meist der Verwendung von „sein" und „haben" beim deutschen Perfekt. Beachten Sie jedoch folgende Abweichungen:

- mit **essere** werden verbunden
  - reflexive Verben (vgl. § 38): **Ci siamo** riposati. *Wir haben uns ausgeruht.*
  - die Verben *piacere gefallen, dispiacere leid tun, costare kosten, bastare reichen, durare dauern:* Il film non mi **è** piaciuto. *Der Film hat mir nicht gefallen.*
  - Modalverben in bestimmten Fällen (vgl. § 37)
- mit **avere** werden verbunden: *viaggiare reisen, sciare Ski fahren, camminare (zu Fuß) gehen/laufen, passeggiare spazierengehen, nuotare schwimmen:* **Ho** viaggiato molto. *Ich bin viel gereist.*

▸ Einige Verben werden sowohl mit **essere** als auch mit **avere** verbunden, z. B. *piovere regnen, nevicare schneien, vivere leben:*
È/Ha piovuto. *Es hat geregnet.*
Rita **è** vissuta/**ha** vissuto negli USA. *... hat in den USA gelebt.*

▸ Bei etlichen Verben wird je nach der Bedeutung/Verwendung dieser Verben **essere** oder **avere** verwendet:
Paola **è** cambiata molto. *... hat sich verändert.*
Paola **ha** cambiato casa. *... ist umgezogen.*

§ 28 Das Imperfetto

-are		-ere	-ire	Sonderfall
andare	*gehen*	avere	sentire	essere
and**avo**	*ich ging*	av**evo**	sent**ivo**	ero
andavi	*du gingst*	avevi	sentivi	eri
andava	*er/sie ging, Sie gingen*	aveva	sentiva	era
andavamo	*wir gingen*	avevamo	sentivamo	eravamo
andavate	*ihr gingt, Sie gingen*	avevate	sentivate	eravate
andạvano	*sie gingen*	avẹvano	sentịvano	ẹrano

Vgl. auch § 51 *(fare, dire, bere)*

§ 29 Gebrauch von Imperfetto und Passato prossimo

Die beiden Vergangenheitsformen unterscheiden sich im Gebrauch deutlich voneinander:

– Nessuno **conosceva** Sergio. *Niemand kannte Sergio.* **Era** un ragazzo timido. *Er war ein schüchterner Junge.* – Sono andato a letto perché **ero** stanco. *Ich ging ins Bett, weil ich müde war.* – A Natale **andavamo** (sempre) dai nonni. *An Weihnachten gingen wir immer zu den Großeltern.*	Im **Imperfetto** stehen – Beschreibungen von Zuständen/Situationen/Personen/Sachen; – Begleitumstände eines Geschehens; – sich ständig wiederholende Handlungen, Gewohnheiten.
– Ieri **sono andato** a letto presto. *Gestern ging ich früh ins Bett.* – **È andato** al bar, **ha preso** un caffè ed **è uscito** poco dopo. *Er ging in die Bar, trank einen Kaffee und ging bald darauf wieder weg.*	Im **Passato prossimo** stehen – einmalige/neu einsetzende Handlungen und Ereignisse; – mehrere aufeinanderfolgende Handlungen und Ereignisse.

§ 30 Das Futur Il futuro

-are		-ere	-ire	Sonderfall
comprare	*kaufen*	scrivere	partire	essere
compr**erò**	*ich werde kaufen*	scriv**erò**	part**irò**	sarò
comprerai		scriverai	partirai	sarai
comprerà		scriverà	partirà	sarà
compreremo		scriveremo	partiremo	saremo
comprerete		scriverete	partirete	sarete
compreranno		scriveranno	partiranno	saranno

Vgl. auch §§ 50, 51

Das Futur wird aus dem Infinitiv gebildet. Bei den Verben auf **-are** wird dabei das *a* der Infinitivendung zu *e:* compr**a**re – compr**e**rò

Das Futur wird gebraucht

Che cosa ci **porterà** il futuro? *Was wird uns die Zukunft bringen?* Non mi **sposerò** mai. *Ich werde nie heiraten.*	– um Vorgänge/Zustände zu bezeichnen, die in der Zukunft liegen – um Absichten auszudrücken
Che ore sono? – **Saranno** le dieci. *Wie spät ist es? – Es wird wohl 10 Uhr sein.*	– um Vermutungen auszudrücken

- Für Vorgänge der nahen Zukunft wird vor allem in der gesprochenen Sprache oft das Präsens vorgezogen: Che cosa fate a Pasqua? – Rimaniamo a casa. *Wir bleiben zu Hause.*
- Mit *stare per* + Infinitiv wird ein unmittelbar bevorstehendes Geschehen bezeichnet: Il treno sta per partire. *Der Zug fährt gleich ab.* (Vgl. § 35)

§ 31 Das Condizionale

-are		-ere	-ire	Sonderfall
comprare	*kaufen*	scrivere	partire	essere
compr**erei**	*ich würde kaufen*	scriv**erei**	part**irei**	sarei
compreresti		scriveresti	partiresti	saresti
comprerebbe		scriverebbe	partirebbe	sarebbe
compreremmo		scriveremmo	partiremmo	saremmo
comprereste		scrivereste	partireste	sareste
comprerẹbbero		scriverẹbbero	partirẹbbero	sarẹbbero

Verben mit Sonderformen vgl. §§ 50, 51

Das Condizionale wird gebraucht

Compreresti una macchina sportiva? *Würdest du einen Sportwagen kaufen?*	um auszudrücken, was unter Umständen sein/geschehen könnte
Avrebbe un fazzoletto? *Hätten Sie ein Taschentuch?* Stasera vorrei andare al cinema. *Heute abend würde ich gern/möchte ich …* Non dovresti lavorare la sera. *Du solltest abends nicht arbeiten.*	um Wünsche/Bitten/Aufforderungen/Aussagen abzuschwächen und höflich auszudrücken

§ 32 Der Imperativ L'imperativo

	-are		-ere	-ire	
	guardare		prendere	sentire	finire
(tu)	Guard**a**!	*Schau!*	Prend**i**!	Sent**i**!	Finisc**i** …!
(Lei)	Guard**i**!	*Schauen Sie!*	Prend**a**!	Sent**a**!	Finisc**a** …!
(noi)	Guardiamo!	*Schauen wir!*	Prendiamo!	Sentiamo!	Finiamo …!
(voi)	Guardate!	*Schaut/Schauen Sie!*	Prendete!	Sentite!	Finite …!

- Der verneinte Imperativ wird in der Du-Form mit **non** + Infinitiv gebildet:
  Non ti preoccupare. *Mach dir keine Sorgen.*
- Zur Stellung unbetonter Personalpronomen sowie *ci/ne* beim Imperativ vgl. §§ 18, 20

Verben mit unregelmäßigen Imperativformen (vgl. auch §§ 50, 51)

	andare	dare	fare	stare	dire	venire	uscire	essere	avere
(tu)	vai/va'	dai/da'	fai/fa'	stai/sta'	di'	vieni	esci	sii	abbi
(Lei)	vada	dia	faccia	stia	dica	venga	esca	sia	abbia
(voi)	andate	date	fate	state	dite	venite	uscite	siate	abbiate

- Wenn unbetonte Personalpronomen oder *ci/ne* an die Imperativformen **va', da', fa', sta', di'** angehängt werden, verdoppelt sich der Konsonant (außer bei *gli*):
  Vacci! *Geh hin!* Dammi …! *Gib mir …!* Dillo! *Sag es!* (*Aber:* Digli … *Sag ihm …*)

Besondere Verben und Konstruktionen

§ 33 Esserci: c'è – ci sono

C'è il signor Riva? *Ist Herr Riva da?* **Ci sono** anche i Rota? *Sind auch die Rotas da?* Che cosa **c'è** alla televisione? *Was gibt's im Fernsehen?* **C'è** l'ascensore? *Gibt es hier einen Aufzug?*	Das Verb **essere** wird oft in Verbindung mit **ci** *da* verwendet und bedeutet dann „dasein, vorhanden sein, geben".
In centro **ci sono** tante banche. *Im Zentrum sind/gibt es viele Banken.*	Nach einer Ortsbestimmung steht nicht *essere*, sondern *esserci*.

- **Esserci** wird in verschiedenen Zeiten verwendet:
  C'era una volta un re … *Es war einmal ein König …* (Imperfetto)
  Stanotte **c'è stato** un temporale. *Heute nacht war ein Gewitter.* (Passato prossimo)
  Fra un mese **ci saranno** le elezioni. *In einem Monat sind Wahlen.* (Futur)

§ 34 Ce l'hai …?

Ce l'hai il computer? – No, non **ce l'ho**. *Hast du einen Computer? – Nein, ich habe keinen.* **Ce l'hai** il ragazzo/la ragazza? – Sì, **ce l'ho**. *Hast du einen Freund/Freundin?* **Ce li avete** i biglietti? – Sì. *Habt ihr die (Eintritts-/Fahr-)Karten?*	Das Verb **avere** wird in der gesprochenen Sprache oft mit **ci** und den Personalpronomen **l' (= lo/la), li, le** verwendet; in dieser Kombination wird **ci** zu **ce**.

§ 35 Stare per + Infinitiv

Sta per piovere. *Es fängt gleich an zu regnen.* Scusi, ma **stiamo per** chiudere. *Entschuldigen Sie, aber wir schließen gleich.*	*Stare per* + Infinitiv bezeichnet ein unmittelbar bevorstehendes Geschehen.

§ 36 Stare + Gerundium Stare + gerundio

Stiamo mangiando. *Wir essen gerade./Wir sind beim Essen.* Che cosa **stanno facendo** i bambini? – **Stanno giocando.** *Was machen die Kinder? – Sie spielen (gerade).*	*Stare* + Gerundium bezeichnet ein gerade ablaufendes Geschehen.

Das Gerundium wird so gebildet:

Verb auf	-are:	mangiare	–	mangi**ando**	fare: facendo
	-ere:	leggere	–	legg**endo**	dire: dicendo
	-ire:	partire	–	part**endo**	

§ 37 Modalverben Verbi modali

Die Verben **volere/dovere/potere/sapere** werden in Verbindung mit dem Infinitiv gebraucht:

Vorrei imparare lo spagnolo. *Ich möchte Spanisch lernen.*
Devo andare alla stazione. *Ich muß zum Bahnhof (gehen).*
Oggi non posso venire. *Heute kann ich nicht kommen.*
Non so guidare. *Ich kann nicht Auto fahren.*

▸ „Sollen" und „können":
Quando **dobbiamo** venire? *Wann sollen wir kommen?*

Posso aprire la finestra? *Kann/Darf ich das Fenster aufmachen?*
Non **posso** ballare *(ho la gamba ingessata).* *Ich kann nicht tanzen (hier: weil ich ein Gipsbein habe).*
Non **so** ballare. *Ich kann nicht tanzen. (= weil ich es nicht gelernt habe/nicht beherrsche)*

▸ Zur Stellung unbetonter Personalpronomen vgl. § 18

▸ Beim Passato prossimo verwendet man
- **avere**, wenn das Hauptverb mit *avere* konjugiert wird:
  Non abbiamo potuto ospitare Rita perché ... *Wir haben Rita nicht bei uns unterbringen können, weil ...*
- **essere**, wenn das Hauptverb mit *essere* konjugiert wird:
  Non siamo potuti venire perché ... *Wir konnten nicht kommen, weil ...*
  In gesprochener Sprache wird allerdings auch in diesem Fall oft *avere* verwendet.

§ 38 Reflexive Verben Verbi riflessivi

	Präsens			Passato prossimo	
(io)	**mi** riposo	*ich ruhe*	*mich aus*	mi sono	riposato/riposata
(tu)	**ti** riposi		*dich*	ti sei	
(lui/lei/Lei)	**si** riposa		*sich*	si è	
(noi)	**ci** riposiamo		*uns*	ci siamo	riposati/riposate
(voi)	**vi** riposate		*euch*	vi siete	
(loro)	**si** riposano		*sich*	si sono	
(Infinitiv)	riposar**si**	*sich ausruhen*			

- Die Reflexivpronomen **mi, ti, si** usw. können direktes oder indirektes Objekt sein:
  Carla **si** veste. *Carla zieht sich an.*
  Carla **si** fa un caffè. *Carla macht sich einen Kaffee.*
- Zur Stellung der Pronomen vgl. § 18
- Reflexive Verben bilden das Passato prossimo mit **essere**; dabei richtet sich das Partizip nach dem Subjekt:
  Carla si è riposat**a**. *Carla hat sich ausgeruht.*
  Carla si è fatt**a** un caffè. *Carla hat sich einen Kaffee gemacht.*
- Viele reflexive Verben werden auch nichtreflexiv gebraucht, z. B.
  svegliarsi *aufwachen* Carla **si è svegliata** alle 7.
  svegliare qu *jdn aufwecken* Poi **ha svegliato** i bambini.

§ 39 Die „si"-Konstruktion Il „si" impersonale

Qui	**si mangia** bene.	*Hier ißt man gut.*
A casa nostra	**si mangia** molto pesce.	*Bei uns zu Hause ißt man viel Fisch.*
	si mangiano pochi dolci.	*ißt man wenig Kuchen/Süßigkeiten.*

Das unpersönliche Subjekt „man" wird durch **si** + Verb in der 3. Person Singular ausgedrückt.
Das Verb steht in der 3. Person Plural, wenn ein direktes Objekt im Plural folgt.

§ 40 Infinitivsätze Frasi con l'infinito

a

ohne Präposition	È difficile convincerlo.	*Es ist schwierig, ihn zu überzeugen.*
	È bello avere una famiglia.	*Es ist schön, eine Familie zu haben.*
	Mi piace viaggiare.	*Ich reise gern.*
	Bisogna partire presto.	*Man muß früh wegfahren.*
	Preferisco stare a casa.	*Ich bleibe lieber zu Hause.*
	nach unpersönlichen Ausdrücken/Verben (*Aber:* È tempo **di** andare.) nach *piacere, bastare, bisognare, preferire, desiderare* wünschen	

b

mit **di**	Sono contento **di** vederti. Non ho voglia **di** uscire. Non dimenticare **di** scrivere! Dovresti smettere **di** fumare.	*Ich freue mich, dich zu sehen.* *Ich habe keine Lust auszugehen.* *Vergiß nicht zu schreiben!* *Du solltest aufhören zu rauchen.*
	nach vielen Verben/Ausdrücken, z. B. *cercare* versuchen, *decidere* beschließen, *dimenticare* vergessen, *pensare* gedenken/vorhaben, *aver tempo/voglia/intenzione*	
mit **a**	Quando vieni **a** prendermi? Domani non vado **a** lavorare. Devo aiutare Paolo **a** fare i compiti.	*Wann holst du mich ab?* *Morgen gehe ich nicht arbeiten.* *Ich muß Paolo bei den Hausaufgaben helfen.*
	nach Verben der Bewegung und nach einer Reihe weiterer Verben, z. B. *abituarsi* sich gewöhnen, *aiutare* helfen, *continuare* weitermachen	
c mit **da**	Vorrei qualcosa **da** bere. Non hai niente **da** fare?	*Ich hätte gern etwas zu trinken.* *Hast du nichts zu tun?*
	nach *qualcosa, niente, molto* usw. zur Angabe der Bestimmung/des Zwecks	
sonstige	Sono qui **per** riposare. È partito **senza** salutarci.	*Ich bin hier, um auszuruhen.* *Er ist abgereist, ohne sich von uns zu verabschieden.*

Präpositionen Preposizioni

§ 41 Örtliche Beziehungen

a

Sono	**di**	Parma.	*Ich bin von/aus Parma.*	*(Heimatort)*

Sono Vado	**a**	Parma.	*Ich bin in Parma.* *Ich fahre nach Parma.*	*(Ort/Stadt)*	Ebenso:	a casa al mare alla stazione	*zu/nach Hause* *am/ans Meer* *am/zum Bahnhof*

Sono Vado	**in**	Italia.	*Ich bin in Italien.* *Ich fahre nach Italien.*	*(Land/Region)*	in ufficio in centro nel parco	*im/ins Büro* *im/ins Zentrum* *im/in den Park*

▶ Bei **in** + Ländername steht gewöhnlich kein Artikel. Ausgenommen sind:
- Ländernamen, die eine nähere Bestimmung bei sich haben: nell'Italia del Nord
- Pluralformen: negli USA, nelle Marche, nei Paesi Bassi *in den Niederlanden*
- die meisten männlichen Namen von Regionen: nel Lazio, nel Veneto

Sono Vado	**da**	Paolo.	*Ich bin bei Paolo.* *Ich gehe zu Paolo.*	*(Person)*	dai Rota dal medico	*bei/zu den Rotas* *beim/zum Arzt*
Vengo	**da**	Parma. Paolo.	*Ich komme aus Parma.* *Ich komme von Paolo.*	*(Ausgangspunkt)*	dall'Italia dal medico	*aus Italien* *vom Arzt*

fino a	Andiamo fino a Piazza Dante/fino all'incrocio. *... bis zum Danteplatz ...*
per	Domani partiamo per la Spagna. *Morgen reisen wir nach Spanien ab.* C'è un treno/volo per Firenze? *Gibt es einen Zug/Flug nach Florenz?*

b

su	sulla torre *auf dem/den Turm*, sul ponte *auf der/die Brücke* sull'autostrada *auf der Autobahn*, sul treno *im Zug*
sopra	sopra i tetti *über/auf den Dächern*, 2 gradi sopra zero *2 Grad über Null*
sotto	sotto il ponte *unter der Brücke*, sotto la pioggia *im Regen*, 2 gradi sotto zero
fra/tra	tra/fra Milano e Como *zwischen Mailand und Como* tra/fra la folla *in der Menschenmenge*, fra amici *unter Freunden*
vicino a	vicino alla stazione *(nahe) beim Bahnhof*
in fondo a	in fondo alla strada *am Ende der Straße*
di fronte a	di fronte al castello *gegenüber dem Schloß*
accanto a	accanto al museo *neben dem Museum*
intorno a	intorno alla casa *um das Haus (herum)*
in mezzo a	in mezzo alla strada *mitten auf der Straße*
davanti a	davanti al duomo *vor dem Dom*
dietro (a)	dietro la casa/alla casa *hinter dem Haus*

▸ a destra/sinistra di *rechts/links von ...*: a destra della posta

§ 42 Zeitliche Beziehungen

a	Vengo all'una. *Ich komme um ein Uhr.* Ciao, a presto! *Tschüs, bis bald!*
fino a	Lavoro fino alle sei. *Ich arbeite bis sechs Uhr.*
prima di	Non telefonarmi prima delle due. *Rufe mich nicht vor zwei Uhr an.*
dopo	Viene dopo le due *nach zwei Uhr*/dopo Natale *nach Weihnachten.*
verso	Telefono verso sera. *Ich rufe gegen Abend an.*
per	Ha nevicato per due giorni. *Es hat zwei Tage lang geschneit.*

da	Sono qui da sabato/dal 1990. ... *seit Samstag/seit 1990.* Lavoro dalla mattina alla sera. *Ich arbeite von morgens bis abends.*
fa	È arrivato due ore fa. *Er ist vor zwei Stunden angekommen.*
fra	Arriva fra due ore. *Er kommt in zwei Stunden an.*
in	È successo in marzo/nel 1980. *Es geschah im März/(im Jahre) 1980.*
entro	Deve arrivare entro il 31 maggio. *bis spätestens 31. Mai* entro un mese *in einem Monat (= innerhalb eines Monats)*

§ 43 Sonstige Beziehungen

a in	Io vado al lavoro a piedi. *zu Fuß* all'università in bicicletta. *mit dem Fahrrad* a Roma in treno. *mit dem Zug*
per	Questo è per Lei. *Das ist für Sie.* Sono qui per lavoro. *Ich bin beruflich hier.* per imparare l'italiano. *Ich bin hier, um Italienisch zu lernen.*
con senza	Vengo con Maria. *Ich komme mit Maria.* Parto con il treno delle 7. *Ich fahre mit dem Zug um 7 Uhr.* È partito senza Laura/senza di me. *Er ist ohne Laura/ohne mich gefahren.*

Die Verneinung La negazione

§ 44 non – no

Oggi **non** lavoro. Che cos'è? – **Non** lo so. Carlo **non** è un tipo simpatico.	*Heute arbeite ich nicht.* *Was ist das? – Ich weiß es nicht.* *Carlo ist kein sympathischer Typ.*
Vieni anche tu? – **No** (, io non vengo). Perché **no**? Ti piace o **no**?	*Kommst du auch? – Nein (, ich komme nicht).* *Warum nicht?* *Gefällt es dir oder gefällt es dir nicht?*

– **Non** steht vor dem Verb bzw. vor der Gruppe Objektpronomen + Verb.
– **No** steht in Satzteilen ohne Verb.

▸ Nach *pensare, dire, sperare hoffen, credere glauben* wird **no** bzw. **sì** mit **di** angeschlossen:
Viene anche Carla? – **Penso di no.** *Ich glaube nicht.*/**Penso di sì.** *Ich glaube schon.*

§ 45 Mehrgliedrige Verneinung

Non vedo **niente/nulla**. *Ich sehe nichts.*	**Non** ho visto **niente**. *Ich habe nichts gesehen.*
Non vedo **nessuno**. *Ich sehe niemanden.*	**Non** ho visto **nessuno**.
Non viene **mai**. *Er kommt nie.*	**Non** è **mai** venuto.
Non dice **mai niente**. *Er sagt nie etwas.*	**Non** ha **mai** detto **niente**.

- Weitere Beispiele: non ... ancora *noch nicht*, non ... più *nicht mehr*, non ... neanche/nemmeno/neppure *auch nicht, nicht einmal*
- **Non** entfällt, wenn *niente/nulla/nessuno/mai/neanche* allein bzw. am Satzanfang stehen: Chi è venuto? – Nessuno (è venuto). *Niemand (ist gekommen).*

Die Satzstellung La costruzione della frase

§ 46 Aussagesatz und Fragesatz ohne Fragewort

Subjekt	Verb	Ergänzung		
Paolo	è	svizzero.		Aussage
Paolo	è	svizzero?		Frage
	È	svizzero	**Paolo?**	

Der Fragesatz ohne Fragewort hat oft dieselbe Satzstellung wie der Aussagesatz. Das Subjekt des Fragesatzes kann aber auch nachgestellt werden.

§ 47 Fragesätze mit Fragewort

Che cosa fa **Rita**? *Was macht Rita?*	
Di dov'è **Maria**? *Woher kommt Maria?*	Oder: **Maria** di dov'è?
Perché non è venuto **Piero**? *Warum ist Piero nicht gekommen?*	Perché **Piero** non è venuto?

In Fragesätzen mit Fragewort ist die Satzstellung meist: Fragewort – Verb – Subjekt.
Das Subjekt kann aber auch vorangestellt werden.

§ 48 Hervorhebung eines Satzteils

Subjekt	**Carlo** arriva oggi. **Rita** mi ha telefonato.	→	Oggi arriva **Carlo**. Mi ha telefonato **Rita**.
Objekt/ Ergänzung	Domani faccio **una torta**. Non vado mai **a teatro**. Non capisco niente **di tennis**.	→	**La torta la** faccio domani. **A teatro** non **ci** vado mai. **Di tennis** non **ne** capisco niente.

Hervorhebung des Subjekts: durch Nachstellung.
Hervorhebung eines Objekts/einer präpositionalen Ergänzung: durch Voranstellen und Wiederaufnahme durch das entsprechende Pronomen.

§ 49 Regelmäßige Verben Verbi regolari

Infinitiv	Präsens	Imperativ	Imperfetto	Futur	Condizionale	Partizip
parl**are**	parlo parli parla parliamo parlate parlano	parla! parli! parliamo! parlate!	parlavo parlavi parlava parlavamo parlavate parlavano	parlerò parlerai parlerà parleremo parlerete parleranno	parlerei parleresti parlerebbe parleremmo parlereste parlerebbero	parlato
vend**ere**	vendo vendi vende vendiamo vendete vendono	vendi! venda! vendiamo! vendete!	vendevo vendevi vendeva vendevamo vendevate vendevano	venderò venderai venderà venderemo venderete venderanno	venderei venderesti venderebbe venderemmo vendereste venderebbero	venduto
sent**ire**	sento senti sente sentiamo sentite sentono	senti! senta! sentiamo! sentite!	sentivo sentivi sentiva sentivamo sentivate sentivano	sentirò sentirai sentirà sentiremo sentirete sentiranno	sentirei sentiresti sentirebbe sentiremmo sentireste sentirebbero	sentito
fin**ire**	finisco finisci finisce finiamo finite finiscono	finisci! finisca! finiamo! finite!	finivo finivi finiva finivamo finivate finivano	finirò finirai finirà ...	finirei finiresti finirebbe ...	finito

§ 50 Verben mit Besonderheiten

cer**care**	cerco cer**chi** cerca cer**ch**iamo cercate cercano	cerca! cer**chi**! cer**ch**iamo! cercate!	cercavo cercavi cercava ...	cer**ch**erò cercherai cercherà ...	cer**ch**erei cercheresti cercherebbe ...	cercato
pa**gare**	pago pa**ghi** paga pa**gh**iamo pagate pagano	paga! pa**ghi**! pa**gh**iamo! pagate!	pagavo pagavi pagava ...	pa**gh**erò pagherai pagherà ...	pa**gh**erei pagheresti pagherebbe ...	pagato

Ebenso: weitere Verben auf *-care* und *-gare*, z. B. *giocare, litigare* streiten

§ 51 Unregelmäßige Verben Verbi irregolari

Verben, bei denen nur das Partizip Perfekt unregelmäßig ist, s. S. 198.

Infinitiv	Präsens Singular	Präsens Plural	Imperativ	Imperfetto	Futur / Condizionale	Partizip
andare	vado vai va	andiamo andate vanno	vai/va' vada andate	andavo	andrò andrei	andato
avere	ho hai ha	abbiamo avete hanno	abbi abbia abbiate	avevo	avrò avrei	avuto
bere	bevo bevi beve	beviamo bevete bevono	bevi beva bevete	bevevo	berrò berrei	bevuto
cadere[1]	cado	cadiamo		cadevo	cadrò cadrei	caduto
cogliere[2]	colgo cogli coglie	cogliamo cogliete colgono	cogli colga cogliete	coglievo	coglierò coglierei	colto
dare	do dai dà	diamo date danno	dai/da' dia date	davo	darò darei	dato
dire	dico dici dice	diciamo dite dicono	di' dica dite	dicevo	dirò direi	detto
dovere	devo devi deve	dobbiamo dovete devono		dovevo	dovrò dovrei	dovuto
essere	sono sei è	siamo siete sono	sii sia siate	ero eri ...	sarò sarei	stato
fare	faccio fai fa	facciamo fate fanno	fai/fa' faccia fate	facevo	farò farei	fatto
morire	muoio muori muore	moriamo morite muoiono		morivo	morirò morirei	morto

[1] ebenso: accadere – [2] ebenso: raccogliere

Infinitiv	Präsens Singular	Präsens Plural	Imperativ	Imperfetto	Futur / Condizionale	Partizip
muovere	muovo muovi muove	moviamo movete muovono	muovi muova movete	muovevo	muoverò muoverei	mosso
piacere[3]	piaccio piaci piace	piaciamo piacete piacciono		piacevo	piacerò piacerei	piaciuto
potere	posso puoi può	possiamo potete possono		potevo	potrò potrei	potuto
proporre[4]	propongo proponi propone	proponiamo proponete propongono	proponi proponga proponete	proponevo	proporrò proporrei	proposto
rimanere	rimango rimani rimane	rimaniamo rimanete rimangono	rimani rimanga rimanete	rimanevo	rimarrò rimarrei	rimasto
salire	salgo sali sale	saliamo salite salgono	sali salga salite	salivo	salirò salirei	salito
sapere	so sai sa	sappiamo sapete sanno	sappi sappia sapete	sapevo	saprò saprei	saputo
scegliere	scelgo scegli sceglie	scegliamo scegliete scelgono	scegli scelga scegliete	sceglievo	sceglierò sceglierei	scelto
stare	sto stai sta	stiamo state stanno	stai/sta' stia state	stavo	starò starei	stato
tenere[5]	tengo tieni tiene	teniamo tenete tengono	tieni tenga tenete	tenevo	terrò terrei	tenuto
tradurre	traduco traduci traduce	traduciamo traducete traducono	traduci traduca traducete	traducevo	tradurrò tradurrei	tradotto

[3] ebenso: dispiacere – [4] ebenso: esporre – [5] ebenso: contenere

Infinitiv	Präsens Singular	Präsens Plural	Imperativ	Imperfetto	Futur / Condizionale	Partizip
uscire[6]	esco esci esce	usciamo uscite escono	esci esca uscite	uscivo	uscirò uscirei	uscito
vedere	vedo	vediamo	vedi	vedevo	vedrò vedrei	visto
venire	vengo vieni viene	veniamo venite vengono	vieni venga venite	venivo	verrò verrei	venuto
vivere	vivo	viviamo	vivi	vivevo	vivrò vivrei	vissuto
volere	voglio vuoi vuole	vogliamo volete vogliono		volevo	vorrò vorrei	voluto

[6] ebenso: riuscire

Verben mit unregelmässigem Partizip Perfekt

accendere	acceso
aggiungere	aggiunto
aprire	aperto
assumere	assunto
chiedere	chiesto
chiudere	chiuso
convincere	convinto
coprire	coperto
correre	corso
decidere	deciso
descrivere	descritto
discutere	discusso
dividere	diviso
esistere	esistito
esprimere	espresso
giungere	giunto
insistere	insistito
intendere	inteso
intravedere	intravisto
iscrivere	iscritto
leggere	letto
mettere	messo
nascere	nato
offrire	offerto
perdere	perso
permettere	permesso
piangere	pianto
prendere	preso
prevedere	previsto
ridere	riso
riflettere	riflesso
rispondere	risposto
scendere	sceso
scommettere	scommesso
scomparire	scomparso
scoprire	scoperto
scrivere	scritto
smettere	smesso
soffrire	sofferto
spendere	speso
spingere	spinto
succedere	successo
trascorrere	trascorso
trascrivere	trascritto
uccidere	ucciso
vincere	vinto

VOCABOLARIO

abitanti (m/pl)	*Einwohner*	L 6, Ü 6
aceto	*Essig*	L 10, Ü 7
accorgersi	*(be)merken*	L 15, Ü 5
addirittura	*sogar*	L 9, Ü 18
addormentarsi	*einschlafen*	L 10, Ü 16
affascinante	*faszinierend*	L 11, Ü 14
affascinato	*fasziniert*	L 15, Ü 14
affrescare	*Fresken bemalen*	L 15, Ü 14
al dente	*beißfest*	L 9, Ü 24
al di là	*jenseits*	L 13, Ü 18
alle (alle nove)	*um (um neun Uhr)*	L 3, Ü 14
allontanare	*entfernen*	L 13, Ü 16
alto (in alto)	*oben*	L 7, Ü 18
anticipo (in anticipo)	*im voraus*	L 6, Ü 10
assaggiare	*versuchen, probieren*	L 14, Ü 18
assegno	*Scheck*	L 13, Ü 13
attaccare	*aufhängen*	L 13, Ü 16
attesa (in attesa)	*Erwartung (in Erwartung)*	L 6, Ü 10
attrice (f)	*Schauspielerin*	L 5, Ü 11
autografo	*Autogramm*	L 7, Ü 21
avvicinare	*nähern*	L 13, Ü 16
baccano (baccano infernale)	*Höllenlärm*	L 9, Ü 11
ballare	*tanzen*	L 2, Ü 11
bagaglio	*Gepäck*	L 13, Ü 9
banco	*(hier) Schreibpult*	L 2, Ü 23
basso (in basso)	*unten*	L 7, Ü 18
benzina (senza piombo)	*(bleifreies) Benzin*	L 3, Ü 23
bermuda (m/pl)	*Bermudashorts*	L 13, Ü 13
bicchiere (m)	*Glas*	L 10, Ü 12
binario	*Gleis*	L 13, Ü 9
bizantino	*byzantinisch*	L 13, Ü 18
borsa	*(hier) Börse*	L 9, Ü 25
cambiare casa	*umziehen*	L 9, Ü 21
campeggio	*Campingplatz*	L 6, Ü 2
cantante (m/f)	*Sänger/in*	L 3, Ü 18
cappella	*Kapelle*	L 15, Ü 14
cartolina	*Ansichtskarte*	L 11, Ü 8
cestino	*Korb*	L 13, Ü 15
cielo	*Himmel*	L 6, Ü 5
cognata	*Schwägerin*	L 9, Ü 1
coltello	*Messer*	L 10, Ü 12
complesso rock	*Rockgruppe*	L 11, Ü 14
comprare	*kaufen*	L 6, Ü 2
conferma	*Bestätigung*	L 6, Ü 10
congratulazioni	*ich gratuliere!*	L 9, Ü 11
conoscere	*(hier) kennenlernen*	L 9, Ü 20
conto	*(hier) Rechnung*	L 11, Ü 5
continuare	*fortfahren*	L 1, Ü 14
controllo	*Kontrolle*	L 15, Ü 18
cordiali saluti	*mit freundlichen Grüßen*	L 6, Ü 10
costa	*Küste*	L 13, Ü 18
costare	*kosten*	L 6, Ü 9
cruciverba (m)	*Kreuzworträtsel*	L 14, Ü 3
cucchiaino	*(hier) kleiner Löffel für den Nachtisch*	L 10, Ü 12
cucinare	*kochen, zubereiten*	L 14, Ü 10
cugina	*Cousine*	L 9, Ü 1
cuoco	*Koch*	L 15, Ü 14
curioso	*neugierig*	L 5, Ü 4
da	*seit*	L 3, Ü 14
da dove?	*woher?*	L 3, Ü 19
dare su (la vista dà su)	*schauen auf, mit Blick auf*	L 6, Ü 9
deposito bagagli	*Gepäckaufbewahrung*	L 13, Ü 9
dica (mi dica), von dire	*sagen Sie mir*	L 6, Ü 3
dintorni (nei dintorni)	*(in der) Umgebung*	L 13, Ü 18
disco	*(Schall)platte*	L 6, Ü 17
dolce	*süß*	L 9, Ü 6
dopodomani	*übermorgen*	L 9, Ü 19
eccentrico	*exzentrisch*	L 7, Ü 23
eccitante	*aufregend*	L 11, Ü 12
farsi la barba	*sich rasieren*	L 7, Ü 5
favore (chiedere un favore)	*Gefallen, Bitte (um ein Gefallen bitten)*	L 7, Ü 10
finalmente	*endlich*	L 5, Ü 24
finire (di)	*aufhören (zu), (mit etwas) fertig werden, beenden*	L 5, Ü 6
fiore (m)	*Blume*	L 7, Ü 11
foglia (di fico)	*(Feigen)blatt*	L 13, Ü 19
fontana	*Brunnen*	L 13, Ü 15
forchetta	*Gabel*	L 10, Ü 12
forza (per forza!)	*(hier) natürlich!*	L 15, Ü 17
freddo	*kalt*	L 3, Ü 9
(non) fumatore	*(Nicht)Raucher*	L 13, Ü 9
fuori (andare a mangiare fuori)	*draußen; (hier) zum Essen ausgehen*	L 6, Ü 2
geloso	*eifersüchtig*	L 14, Ü 3
genero	*Schwiegersohn*	L 9, Ü 1
giocattolo	*Spielzeug*	L 7, Ü 11
giornale radio (m)	*Rundfunknachrichten*	L 14, Ü 15
giorno (al giorno; un giorno)	*Tag (am Tag; eines Tages)*	L 6, Ü 17
gita	*Ausflug*	L 9, Ü 21
grande (da grande)	*(als) Erwachsen (wenn ich groß bin)*	L 5, Ü 11
guidare	*(Auto) fahren*	L 5, Ü 11
infernale	*höllisch*	L 9, Ü 11
inizio (all'inizio)	*(am) Anfang*	L 6, Ü 16
innamorato/a	*verliebt*	L 5, Ü 18
inquinante	*umweltgefährdend*	L 11, Ü 12
insieme	*zusammen*	L 2, Ü 6
invece	*hingegen*	L 1, Ü 7
l'altro ieri	*vorgestern*	L 9, Ü 19
La Gazzetta dello Sport	*italienische Sporttageszeitung*	L 3, Ü 14
latte solare (m)	*Sonnenmilch*	L 13, Ü 13
lavagna	*Tafel*	L 2, Ü 23
letto (camera da letto)	*Bett (Schlafzimmer)*	L 3, Ü 3
litigare	*streiten*	L 6, Ü 17
luce (f)	*Licht*	L 13, Ü 8
lupo	*Wolf*	L 13, Ü 19
ma dai!	*ach was!*	L 9, Ü 11

macchina fotografica	*Kamera*	L 13, Ü 13
macchinina	*Modellauto (Kinderspielzeug)*	L 7, Ü 11
maestra	*Grundschullehrerin*	L 10, Ü 10
maggiorenne	*volljährig*	L 15, Ü 4
mamma mia!	*mein Gott!*	L 9, Ü 11
mandare	*schicken, senden*	L 6, Ü 10
mantenere	*halten, erhalten, (hier) ernähren*	L 9, Ü 25
marito (mio marito)	*Ehemann (mein Mann)*	L 2, Ü 7
meccanico	*Mechaniker*	L 15, Ü 18
medicina	*Arznei*	L 13, Ü 13
mondo	*Welt*	L 9, Ü 6
moquette (f)	Teppichboden	L 7, Ü 13
morte (f)	*Tod*	L 9, Ü 25
mosaico	*Mosaik*	L 11, Ü 3
motore	*Motor*	L 15, Ü 18
nascita	*Geburt*	L 9, Ü 25
nostro/a	*unser*	L 3, Ü 3
notissimo, *von* noto	*sehr bekannt*	L 15, Ü 11
nuora	*Schwiegertochter*	L 9, Ü 1
occhiali (m/pl) da sole	*Sonnenbrille*	L 13, Ü 13
offerta	*Angebot*	L 9, Ü 25
Oriente (il Vicino Oriente)	*Osten (Naher Osten)*	L 6, Ü 6
ormai	*nun, inzwischen*	L 6, Ü 6
orologio (guardare l'orologio)	*Uhr (auf die Uhr schauen)*	L 7, Ü 5
orribile	*scheußlich*	L 7, Ü 23
ospite (m)	*Gast*	L 6, Ü 13
palma	*Palme*	L 13, Ü 19
parte (da parte tua)	*Seite (von dir, deinerseits)*	L 11, Ü 6
partecipare	*teilnehmen*	L 2, Ü 13
pasticceria	*Konditorei*	L 3, Ü 18
patente (prendere la patente)	*Führerschein (den Führerschein machen)*	L 9, Ü 21
peccato (che peccato!)	*schade (wie schade!)*	L 6, Ü 3
però	*aber*	L 2, Ü 9
piace (mi piace ballare) *von* piacere	*es gefällt mir ... (ich tanze gern)*	L 2, Ü 11
piadina	*Art Pizzabrot*	L 14, Ü 5
pianista (m/f)	*Pianist/in*	L 11, Ü 14
pianterreno	*Erdgeschoß*	L 3, Ü 22
pieno (pieno zeppo)	*voll (vollgepfropft)*	L 9, Ü 16
pittore	*Maler*	L 15, Ü 18
pollo	*Huhn*	L 6, Ü 13
posate (f/pl) da frutta	*(Obst)Besteck*	L 10, Ü 12
prenotare	*reservieren*	L 6, Ü 10
presa elettrica	*Steckdose*	L 13, Ü 13
prete (m), (farsi prete)	*Priester (Priester werden)*	L 9, Ü 25
prima	*zuerst, vorher*	L 5, Ü 11
prima di (prima delle 17)	*vor (vor 17 Uhr)*	L 5, Ü 7
profumo	*Parfüm*	L 11, Ü 6
pronto/a	*bereit/fertig*	L 6, Ü 18
proprio	*wirklich, (hier) genau, just*	L 5, Ü 18
proprio (mettersi in proprio)	*sich selbständig machen*	L 9, Ü 25
pure (dica pure!)	*nur (zu), bitte, ruhig (sagen Sie ruhig, bitte)*	L 7, Ü 10
quadro	*Bild*	L 13, Ü 8
rabbia	*Wut*	L 6, Ü 17
ragione (f)	*(hier) Grund*	L 15, Ü 14
rappresentare	*darstellen*	L 15, Ü 18
registratore (m)	*Tonbandgerät*	L 2, Ü 23
Rep. (Repubblica)	*Republik*	L 5, Ü 22

ricordarsi	*sich erinnern*	L 7, Ü 21
ricordo	*Erinnerung*	L 6, Ü 17
ridere	*lachen*	L 6, Ü 2
riferirsi a	*sich beziehen auf*	L 13, Ü 1
ringraziare (Vi ringrazio)	*danken (ich danke Ihnen)*	L 6, Ü 10
riunione	*Versammlung*	L 7, Ü 20
ripetere	*wiederholen*	L 1, Ü 14
rivedere	*wiedersehen, wiedertreffen*	L 7, Ü 21
rotondo/a	*rund*	L 2, Ü 13
rullino	*Film (für die Kamera)*	L 13, Ü 13
salame (m)	*Salami*	L 10, Ü 7
scala mobile	*Rolltreppe*	L 13, Ü 2
scomodo/a	*unbequem*	L 3, Ü 9
scontento/a	*unzufrieden*	L 5, Ü 18
scoperta	*Entdeckung*	L 15, Ü 15
scuola (finire la scuola)	*Schule (die Schule abschließen)*	L 9, Ü 20
sempre	*immer*	L 2, Ü 17
senti, *von* sentire	*hör mal, (hier) sag mal*	L 1, Ü 12
separarsi	*sich trennen*	L 9, Ü 9
serpente (m)	*Schlange*	L 9, Ü 5
servizio (fare il servizio militare/civile)	*Dienst (den Wehr- bzw. Zivildienst machen)*	L 9, Ü 20
snello/a	*schlank*	L 11, Ü 12
sogno	*Traum*	L 13, Ü 19
soldi (m/pl)	*Geld*	L 6, Ü 2
soluzione (f)	*Lösung*	L 14, Ü 18
sorella	*Schwester*	L 5, Ü 11
spazio	*Platz, Raum*	L 13, Ü 8
spazioso/a	*geräumig*	L 3, Ü 9
spesso	*oft*	L 5, Ü 4
spezzatino	*Gulasch*	L 10, Ü 6
spiedo	*Spieß*	L 6, Ü 13
spostare	*verschieben, verrücken*	L 13, Ü 16
squadra	*(hier) Mannschaft*	L 15, Ü 11
squallido/a	*trostlos, öde*	L 3, Ü 9
stagione (f)	*Jahreszeit*	L 6, Ü 9
stesso	*(hier) selbst*	L 9, Ü 12
strada (per strada)	*Straße, Weg (auf dem Weg)*	L 10, Ü 10
strumento	*(Musik)Instrument*	L 9, Ü 21
studi (m/pl) (finire gli studi)	*Studium (das Studium abschließen)*	L 9, Ü 20
stupendo/a	*wunderschön*	L 7, Ü 23
suocera	*Schwiegermutter*	L 9, Ü 1
supplenza	*Vertretung*	L 14, Ü 22
tavola (preparare la tavola)	*(Eß)Tisch (den Tisch decken)*	L 6, Ü 13
tavola rotonda	*runder Tisch, (hier) Verhandlungstisch*	L 2, Ü 13
teleferica	*Schwebebahn*	L 13, Ü 2
telegiornale (m)	*Fernsehnachrichten*	L 14, Ü 15
tempo (per tempo)	*Zeit (rechtzeitig)*	L 11, Ü 9
ticinese	*aus dem Tessin*	L 1, Ü 7
tipo	*Typ*	L 9, Ü 6
tovaglia	*Tischdecke*	L 10, Ü 12
tovagliolo	*Serviette*	L 10, Ü 12
tranquillo/a	*ruhig*	L 3, Ü 5
truccarsi	*sich schminken*	L 7, Ü 5
usare	*benutzen, (hier) nehmen*	L 6, Ü 19
verde	*grün*	L 3, Ü 3
verso	*Vers*	L 15, Ü 14
vista (su)	*Blick (auf)*	L 3, Ü 19
vocabolario	*Wörterbuch*	L 13, Ü 13
volentieri	*gern*	L 2, Ü 11